GÄRTNERN
OHNE
GARTEN

GAY SEARCH

GÄRTNERN
OHNE
GARTEN

DORLING KINDERSLEY

LONDON • NEW YORK • SYDNEY • MÜNCHEN

EIN DORLING KINDERSLEY BUCH

Redaktion: Emma Lawson
Bildredaktion: Darren Hill

Titel der englischen Originalausgabe:
GARDENING WITHOUT A GARDEN

© 1997 Dorling Kindersley Limited, London
Text © 1997 Gay Search

© 2000 der deutschen Ausgabe by
Dorling Kindersley Verlag GmbH, Stuttgart/München
Alle deutschsprachigen Rechte vorbehalten

Die Deutsche Bibliothek – CIP-
Einheitsaufnahme

Ein Titeldatensatz für die Publikation ist bei
der Deutschen Bibliothek erhältlich.

**Produktionsbetreuung
der deutschen Ausgabe:**
Print Company Verlagsgesellschaft m.b.H., Wien

Übersetzung:
Bernhard Hachleitner

ISBN 3-8310-0003-4

Printed and bound in Singapore
by Star Standard Industries

Besuchen Sie uns im Internet:
www.dk.com

INHALT

Einleitung 6

WÄNDE, STUFEN & PORTALE

Repräsentatives 12
Feuerrote Spaliere 14
Eimerweise Blüten 16
Ganzjährige Schönheit 18
Ein Treppengeländer 20
Schattige Farne 22
Ein Korb voller Pastell 24
Geometrische Trilogie 26
Gelb & Orange 28

ENGE RÄUME

Ein rosafarbenes Faß 32
Blütenkörbe 34
Schwarz-Weiß-Kontraste 36
Spektakuläre Silhouetten 38
Frühlingsharmonie 40
Dreiecke in Rost und Creme 42
Kupferkontraste 44
Sukkulententürme 46
Schattige Gesellen 48
Heiße Farben 50
Japanischer Stil 52
Sonne im Schatten 54
Balkonpflanzen 56

FENSTERSIMSE

Gold & Blau.................................. 60

Warmes Rosa & Weinrot 62

Zwillingsspitzen 64

Königliches Purpur 66

Eine Kiste Wüste.................................. 68

Schimmerndes Silber & Rot...................... 70

Aromatische Kräuter 72

Sattes Purpur & Silber 74

Blätterkontraste.................................. 76

Preiswerter blauer Kasten........................... 78

Eiscremekasten 80

Starke Einzelgänger 82

DER KREATIVE GARTEN

Gestalten mit Pflanzen.................................. 86

Die passende Pflanze 96

PFLANZEN- & GEFÄSSPFLEGE

Die Auswahl eines Gefäßes........................ 102

Mit Holz & Metall arbeiten...................... 104

Das Gestalten von Gefäßen 106

Die Pflege von Gefäßen 108

Gesunde Pflanzen erkennen 110

Die passende Ausrüstung 112

Knollen & Sträucher............................. 114

Pflanzen in Kästen & Körben 116

Die Pflege von Pflanzen 118

Umtopfen & Stutzen............................. 120

Pflanzen vermehren................................. 122

Krankheiten & Schädlinge 124

GÄRTNERLEITFADEN

Pflanzenregister 128

Register....................................... 140

Danksagungen 144

EINLEITUNG

Das Interesse an der Aufzucht von Topfpflanzen steigt nach wie vor. Immer
mehr Menschen erkennen, wie viel
Freude nicht nur das fertige
Arrangement, sondern auch das
Gestalten und Pflegen von Topfpflanzen machen können. Auch
im Freien, wenn der Platz sehr
knapp ist, bieten Pflanzenkästen
eine willkommene Möglichkeit, um
grüne Oasen zu schaffen – etwa auf
dem Balkon, der Terrasse oder selbst
auf dem Fenstersims. Wer öfter um-
ziehen muss, kann sich mit ein
paar Töpfen einen transportab-
len Garten zusammenstellen.
Auch im Garten sind Gefäße
praktisch: Eine Hausmauer
wird durch Pflanzen leben-
diger. In Töpfen gedeihen zudem
Pflanzen, die in der heimischen Erde nicht wachsen könnten oder die
nicht winterfest sind. Wie einfach
oder ausgefeilt Ihre Pflanzengruppen
gestaltet sind, bestimmen Ihr per-
sönlicher Stil und Ihre Brieftasche.
Dieses Buch will Sie inspirieren und
Sie zu größerer Experimentierfreu-
digkeit bei Ihren Pflanzenarrangements
ermutigen. Es gibt zum Beispiel keinen
Grund, sich auf Gewächse zu beschrän-
ken, die nach einer Saison verblüht sind.

STRÄUCHER
*Ein immergrüner
Schneeball mit Efeu und
Tulpen ergibt in einem
Versailles-Gefäß ein
stilvolles Ensemble für
einen schattigen Ort.*

EIN BEEINDRUCKENDER BLICKFANG
*Eine niedrigwachsende Rose in einer Blu-
menampel, kombiniert mit sich rankenden
Gewächsen der Saison in ähnlichen Pastelltö-
nen, ergibt eine formschöne Blütenkugel.*

Pflanzen Sie ein Bäumchen in einen
Kübel, Sträuche in einen Fensterkasten
oder eine Rose in eine Blumenampel!
Diese Pflanzen sind in ihrem Wachstum
dann zwar beschränkt, aber man kann
ihren Töpfen entwachsene Bäume oder
Sträucher an Freunde und Verwandte,
die einen Garten besitzen, weitergeben.
Vielleicht haben Sie aber, wenn die
Pflanzen umgesetzt werden müssen,
schon Ihren eigenen Garten.

EINEN PLATZ BEURTEILEN
Die Eigenschaften des in Betracht ge-
zogenen Platzes müssen Ihnen klar sein,
bevor Sie die Pflanzen und die dazu
passenden Gefäße auswählen. Liegt
dieser Ort in der prallen Sonne, teilweise oder ganz im Schatten, oder ist er
starkem Wind ausgesetzt? Nur mit der
erforderlichen Planung wird Ihr kleiner
Garten gedeihen. Überlegen Sie auch,

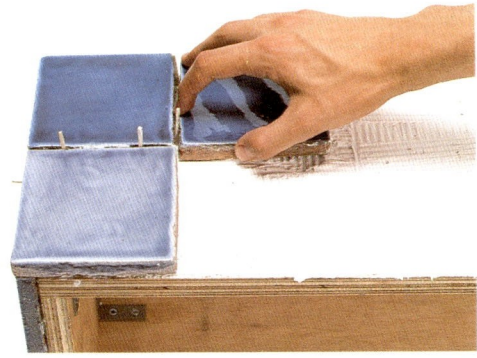

Eine einfache und schnelle Oberflächengestaltung - wie etwa Kacheln, ein Mosaik oder eine Bemalung - macht aus einem gewöhnlichen Plastik- oder Holzgefäß ein Einzelstück.

Kunststoffbehälter ahmen natürliche Materialien nach, andere erzielen durch ihre Künstlichkeit besondere Effekte. Improvisation verstärkt die Wirkung eines Arrangements: Aus Weidenkörben, Kupferkesseln und verzinkten Mülleimern werden wunderschöne Blickfänge. Durch einen originellen Anstrich können Sie auch einem billigen Pflanzengefäß einen individuellen Touch verleihen.

GESTALTUNG EINER GRUPPE

Ihr Arrangement ist perfekt, wenn eine harmonische Verbindung zwischen den Pflanzen und den Töpfen geschaffen worden ist. Eine gekonnt zusammengestellte Pflanzengruppe wird durch einen einfachen Behälter hervorgehoben und umgekehrt. Farbmischungen sind eine Frage des persönlichen Geschmacks, aber sie sehen dann hübsch aus, wenn alle Töne einander entweder ergänzen oder kontrastieren. Die Größen und Formen der Pflanzen und Töpfe sollten ebenfalls berücksichtigt werden, um eine optische Ausgewogenheit zu erreichen.

Endlich kann das fertige Ensemble an seinen Platz gestellt werden. Bei regelmäßiger und richtiger Pflege ein dauerhafter Quell der Freude.

ob der Platz genug Schutz bietet, um im Winter Pflanzen und Terrakottatöpfe vor Frostschäden zu bewahren.

EIN PLAN FÜR DAS GANZE JAHR

Ein Gefäß voller blühender Pflanzen wird immer besonders auffallen. Wenn Sie aber nicht viele Töpfe zur Verfügung haben, macht es wenig Sinn, Pflanzen einzusetzen, die sich nur wenige Wochen in ihrer Pracht präsentieren. Und wenn der Platz ganz knapp ist, lassen sich verblühte Pflanzen nicht verstekken. Entwerfen Sie ein Arrangement, das eine lange Lebensdauer hat. Ein Grundstock aus immergrünen Pflanzen, kombiniert mit der Blütenpracht der entsprechenden Jahreszeit, sieht das ganze Jahr hindurch wunderbar aus. Bunte Blumen sind zwar beeindruckend, ihr Dasein währt aber wesentlich kürzer als das von Blattpflanzen.

DIE WAHL DES GEFÄSSES

Die Auswahl an Pflanzengefäßen ist riesig. Natürliche Materialien wie Terrakotta, Stein und Holz sind sehr attraktiv, aber auch Kunststoff ist mittlerweile um vieles ausgereifter geworden. Behälter aus diesem Material sind widerstandsfähig, leicht und billig; manche

DIE PFLEGE VON PFLANZEN

Kübelpflanzen zu pflegen und sie vital und gesund zu erhalten ist eigentlich ganz einfach. Jede Bemühung wird sofort belohnt.

PFLANZENNAMEN

Jede Pflanze hat mehrere Namen, einen botanischen in Latein (kursiv geschrieben) sowie einen regionalen Namen. *Centaurea cyanus* ist z. B. der botanische Name für eine Pflanze, die man häufig Kornblume nennt. Aber viele regionale Namen beziehen sich in unterschiedlichen Gegenden nicht auf die gleiche Pflanze. Das führt leicht zu Verwirrung. Deshalb muß man, um eine Pflanze eindeutig zu identifizieren, ihren botanischen Namen kennen und nicht nur den regionalen. So kommt es unter Gärtnern nicht zu Mißverständnissen.

BOTANISCHE NAMEN VERSTEHEN

Gattung
Der erste Teil des Namens bezeichnet eine Gruppe verwandter Arten.
Beispiel: *Juniperus*.

Art
Der zweite Teil des Namens bezeichnet eine Gruppe von Pflanzen innerhalb der Gattung. Eine Gattung kann aus einer oder mehreren Arten bestehen.
Beispiel: *Juniperus communis*.

Unterart (Varietät bzw. Sorte)
Dieser Teil des Namens unterscheidet Pflanzen, die innerhalb einer Art leicht voneinander abweichen. Bei den Kulturpflanzen bezeichnet man solche Abweichungen als Sorte. Beispiel: *Juniperus communis*. Unterschiede, die in der freien Natur auftreten, nennt man Varietäten. Beispiel: *Juniperus communis* var. *montana*.

Hybriden
Sie sind das Ergebnis einer Kreuzung verschiedener Arten einer Gattung. Hybriden (durch „×" gekennzeichnet) erhalten einen anderen Namen als ihre Eltern. Beispiel: *Viola × wittrockiana* (Gartenstiefmütterchen).

DIE VERWENDUNG DIESES BUCHES

Dieses Buch will Ihnen bei der Gestaltung und Pflege eines Topfpflanzengartens behilflich sein. Es beginnt mit Pflanzengruppierungen – den Vorlieben der Pflanzen entsprechend zusammengestellt – und schlägt auch Variationsmöglichkeiten vor. In diesem Teil erfahren Sie, wie die Pflanzen am besten gezogen und gepflegt werden. Danach folgen Vorschläge für die Pflanzenauswahl und verschiedene Alternativen. Hier geht es um die Anpassung eines Arrangements an einen bestimmten Platz, damit alles so hübsch wie möglich aussieht. Ein sehr ausführliches Kapitel erklärt die grundlegenden Arbeitsschritte der Pflanzenpflege wie Gießen, Düngen, Vermehrung, Beschneidung und Ziehung. Das Buch endet mit einem informativen Register der behandelten Pflanzen, das ihre spezifischen Merkmale und Eigenschaften wie Frostverträglichkeit oder Lichtbedürfnisse genau beschreibt.

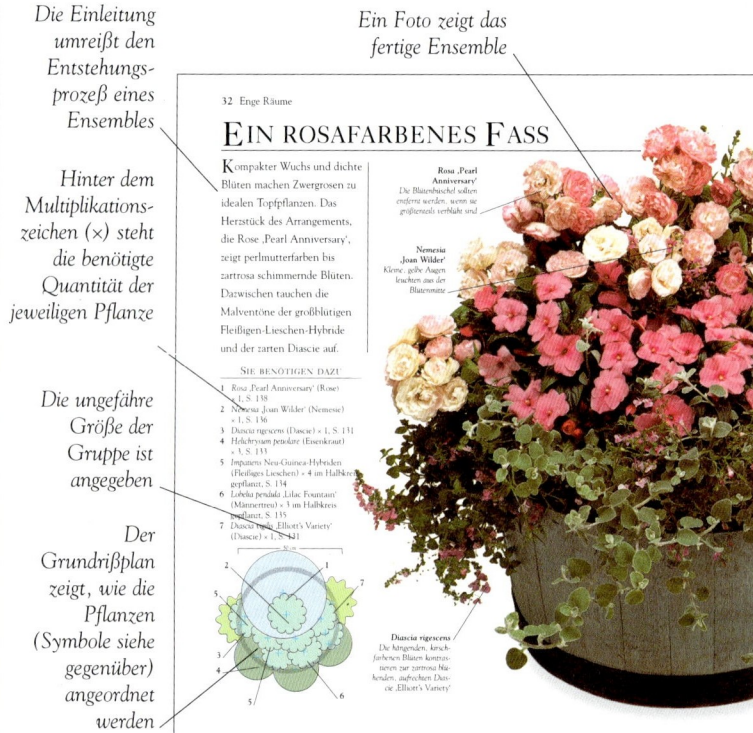

Die Einleitung umreißt den Entstehungsprozeß eines Ensembles

Ein Foto zeigt das fertige Ensemble

Hinter dem Multiplikationszeichen (×) steht die benötigte Quantität der jeweiligen Pflanze

Die ungefähre Größe der Gruppe ist angegeben

Der Grundrißplan zeigt, wie die Pflanzen (Symbole siehe gegenüber) angeordnet werden

32 Enge Räume

EIN ROSAFARBENES FASS

Kompakter Wuchs und dichte Blüten machen Zwergrosen zu idealen Topfpflanzen. Das Herzstück des Arrangements, die Rose ‚Pearl Anniversary', zeigt perlmutterfarben bis zartrosa schimmernde Blüten. Dazwischen tauchen die Malventöne der großblütigen Fleißigen-Lieschen-Hybride und der zarten Diascie auf.

SIE BENÖTIGEN DAZU

1 *Rosa* ‚Pearl Anniversary' (Rose) × 1, S. 138
2 *Nemesia* ‚Joan Wilder' (Nemesie) × 1, S. 136
3 *Diascia rigescens* (Diascie) × 1, S. 131
4 *Helichrysum petiolare* (Eisenkraut) × 1, S. 133
5 *Impatiens* Neu-Guinea-Hybriden (Fleißiges Lieschen) × 4 im Halbkreis gepflanzt, S. 134
6 *Lobelia pendula* ‚Lilac Fountain' (Männertreu) × 3 im Halbkreis gepflanzt, S. 135
7 *Diascia vigilis* ‚Elliott's Variety' (Diascie) × 1, S. 131

Rosa ‚Pearl Anniversary'
Die Blütenbüschel sollten entfernt werden, wenn sie großteils verblüht sind

Nemesia ‚Joan Wilder'
Kleine, gelbe Augen leuchten aus der Blütenmitte

Diascia rigescens
Die leuchtenden, kirschfarbenen Blüten kontrastieren zur zartrosa blühenden, aufrechten Diascie ‚Elliott's Variety'

IDEEN FÜR PFLANZENGRUPPEN

Die Abschnitte *Wände, Stufen & Portale, Enge Räume* und *Fenstersimse* behandeln verschiedene Standorte für Pflanzengruppen in unterschiedlichsten Gefäßen. Die Auswahl der Pflanzen wurde nach Form, Wachstumsverhalten und Farbe getroffen. Die Vorschläge führen durch verschiedene Klimate und Jahreszeiten und sind ganz leicht zu kopieren oder zu variieren.

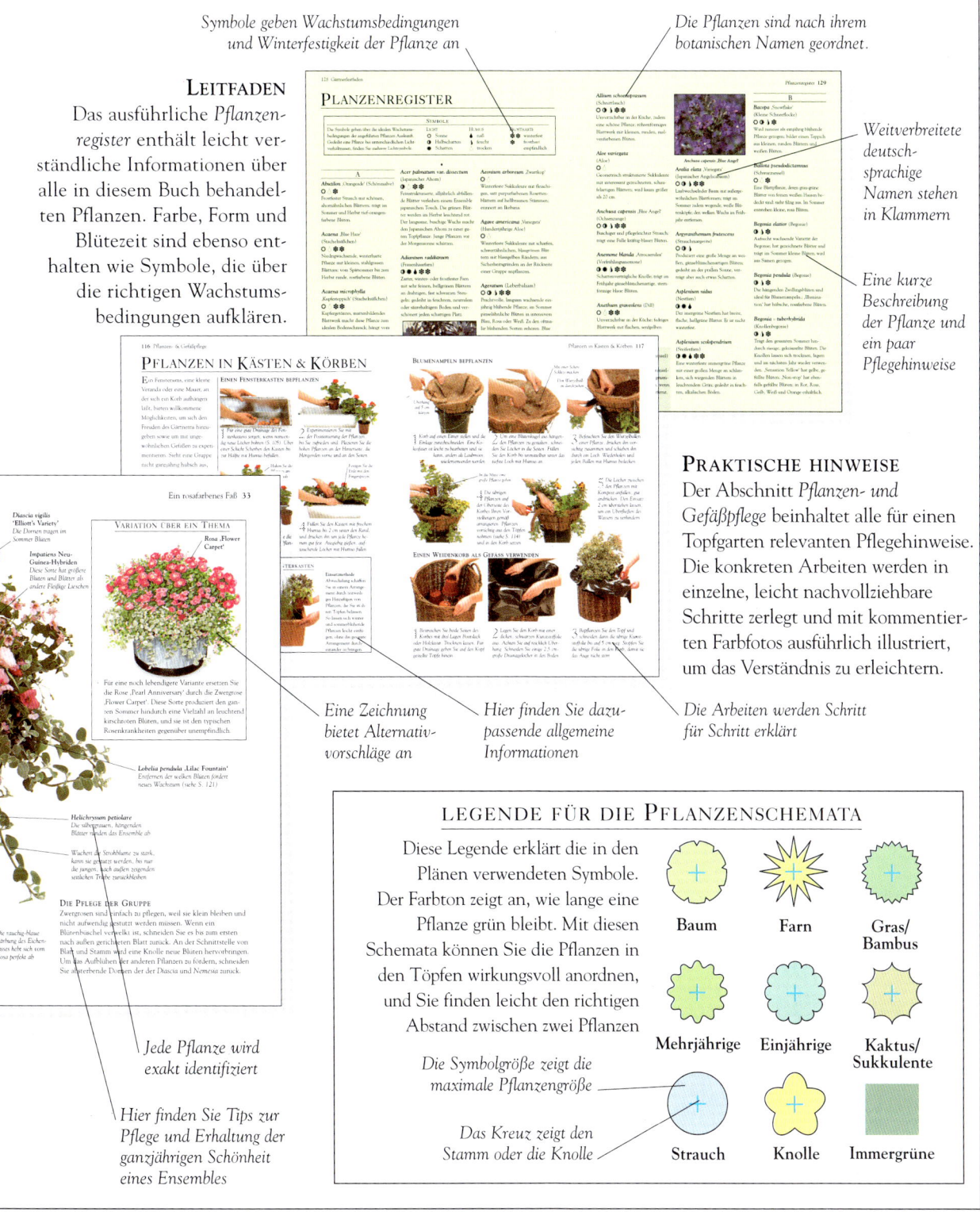

Symbole geben Wachstumsbedingungen und Winterfestigkeit der Pflanze an

Die Pflanzen sind nach ihrem botanischen Namen geordnet.

LEITFADEN

Das ausführliche *Pflanzen-register* enthält leicht verständliche Informationen über alle in diesem Buch behandelten Pflanzen. Farbe, Form und Blütezeit sind ebenso enthalten wie Symbole, die über die richtigen Wachstumsbedingungen aufklären.

Weitverbreitete deutschsprachige Namen stehen in Klammern

Eine kurze Beschreibung der Pflanze und ein paar Pflegehinweise

PRAKTISCHE HINWEISE

Der Abschnitt *Pflanzen- und Gefäßpflege* beinhaltet alle für einen Topfgarten relevanten Pflegehinweise. Die konkreten Arbeiten werden in einzelne, leicht nachvollziehbare Schritte zerlegt und mit kommentierten Farbfotos ausführlich illustriert, um das Verständnis zu erleichtern.

Eine Zeichnung bietet Alternativvorschläge an

Hier finden Sie dazupassende allgemeine Informationen

Die Arbeiten werden Schritt für Schritt erklärt

Jede Pflanze wird exakt identifiziert

Hier finden Sie Tips zur Pflege und Erhaltung der ganzjährigen Schönheit eines Ensembles

LEGENDE FÜR DIE PFLANZENSCHEMATA

Diese Legende erklärt die in den Plänen verwendeten Symbole. Der Farbton zeigt an, wie lange eine Pflanze grün bleibt. Mit diesen Schemata können Sie die Pflanzen in den Töpfen wirkungsvoll anordnen, und Sie finden leicht den richtigen Abstand zwischen zwei Pflanzen.

Die Symbolgröße zeigt die maximale Pflanzengröße

Das Kreuz zeigt den Stamm oder die Knolle

Baum

Farn

Gras/ Bambus

Mehrjährige

Einjährige

Kaktus/ Sukkulente

Strauch

Knolle

Immergrüne

WÄNDE, STUFEN & PORTALE

BEPFLANZUNG AUF STUFEN
Die scheinbar zufällige Anordnung
von Terrakottatöpfen auf den verschiedenen Treppenansätzen vermittelt den
Eindruck von Zwanglosigkeit.

Ein Portal mit Töpfen, Fensterkästen und von
Blumen überquellenden Blumenampeln bietet
Ihren Besuchern einen freundlichen Empfang.
Sorgfältig ausgewählte Pflanzengruppen und -gefäße
unterstreichen den Stil des Hauses und beleben den
Eingangsbereich. An einem bemalten Spalier
befestigte Töpfe verschönern eine eintönige Mauer.
Gefäße voller Pflanzen auf einer Treppe bringen auch
in schattige Bereiche viel Farbe und Abwechslung .

EINLADENDES PORTAL
Eine Mischung aus rosa Blüten und
leuchtend grünen Blättern belebt die
kahlen Ziegelmauern dieses
Hauseingangs.

REPRÄSENTATIVES

Kunstvoll gestutztes Baum- und Buschwerk prägen das typische Bild eines repräsentativen Eingangs. Hier wurden gefleckte Stechpalmen zu Kugeln geschnitten. In den Farben ihrer grün- und cremefarbenen Blätter spiegeln sich die dunkelgrünen Blätter des Kletterefeu, der cremefarbenen kleinen Narzisse ‚Jenny' und der weißen Hyazinthe ‚L'Innocence' wider. Die dekorative Anordnung der Pflanzen unterstreicht die formelle Seite des Ensembles.

SIE BENÖTIGEN DAZU

(Mengen für ein Gefäß)

1 *Hedera helix* ‚Pittsburgh' (Efeu) × 4, S. 133
2 *Ilex aquifolium* ‚Argentea Marginata' (Stechpalme) × 1, S. 134
3 *Hyacinthus orientalis* ‚L'Innocence' (Hyazinthe) × 4, S. 134
4 *Narcissus* ‚Jenny' (Narzisse) × 12, S. 135

Ilex aquifolium **‚Argentea Marginata'**
Die gesprenkelten, immergrünen Blätter der Stechpalme sind auch im Winter attraktiv

Im Herbst tragen manche Stechpalmen leuchtend rote Beeren

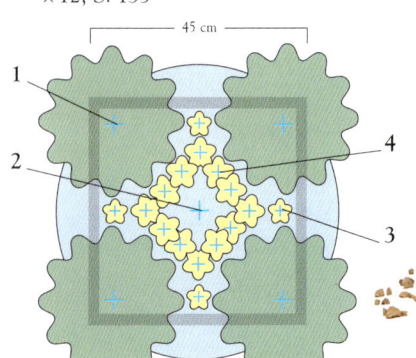

Blätter, die völlig
grün werden,
sollten sofort
entfernt werden

Durch das Ent-
fernen der jun-
gen Triebe am
Stamm bleibt
die klassische
Form erhalten

**Narcissus
‚Jenny'**
Narzissen sollten
zurückgeschnitten
werden, wenn sie
nicht mehr blühen

**Hyacinthus
orientalis
‚L'Innocence'**
Im Herbst gesetzte
Knollen bringen
im Frühjahr
elfenbeinfarbene
Blüten hervor

DIE PFLEGE
DER GRUPPE

Die Stechpalme sollte in der
Sonne oder im Halbschatten
stehen, um die Zweifärbigkeit
ihrer Blätter zu bewahren. Ihre
Zweige regelmäßig mit einer
Gartenschere schneiden, damit
die gepflegte Gestalt der Kugel
erhalten bleibt. Wenn die Nar-
zissenblüten verwelken, düngen
Sie die Pflanze. So wächst sie
im nächsten Jahr wieder nach.
Den Efeu im Frühjahr schneiden, wenn er zu stark wuchert.

Im Sommer
kann man die
Hyazinthen
durch duftende
Levkojen
ersetzen

**Hedera helix
‚Pittsburgh'**
Efeu rundet die
Kanten des
Gefäßes ab und
bringt grüne
Farbe in den
Winter

Ein glatter
Holzbehälter
unterstreicht den
repräsentativen
Charakter der
Pflanzengruppe

FEUERROTE SPALIERE

Manchmal hinterlassen viele Pflanzen einer Sorte einen stärkeren Eindruck als eine Mischung, wie dieses Arrangement der hängenden Pelargonie ‚Fire Cascade' mit ihren leuchtend scharlachroten Blüten zeigt. Stabile Haken halten die einfachen Terrakottatöpfe auf einem schwarzgestrichenen Spalier. Solchermaßen aufgehängte Töpfe sind eine wirkungsvolle Methode, um eine öde Mauer zu beleben, vor allem, wenn die Farben der Pflanzen mit dem Hintergrund kontrastieren.

SIE BENÖTIGEN DAZU

1 *Pelargonium* ‚Fire Cascade' (Pelargonie) × 8, S. 136

DIE PFLEGE DER GRUPPE

Stellen Sie die Pelargonien an einen warmen, sonnigen Platz, damit sie lange blühen. Vor den ersten Frostnächten sollten die Pflanzen ins Haus gebracht werden. *Viola × wittrockiana* (Gartenstiefmütterchen) in einer ihrer leuchtenden Farben wie gelb, orange oder blau sind ein guter Ersatz.

Fleischige und efeuförmige Blätter

Pelargonium ‚Fire Cascade'
Pelargonien in kleinen Töpfen bei heißem Wetter zweimal am Tag gießen

Vom Frühsommer bis in den Spätherbst sprießen Blüten

Kleine Terrakottatöpfe verringern das Gewicht

Den Stengel mit verwelkten Blüten am Stammansatz abschneiden

Halbentwickelte Setzlinge können für das nächste Jahr verwendet werden (siehe S. 122)

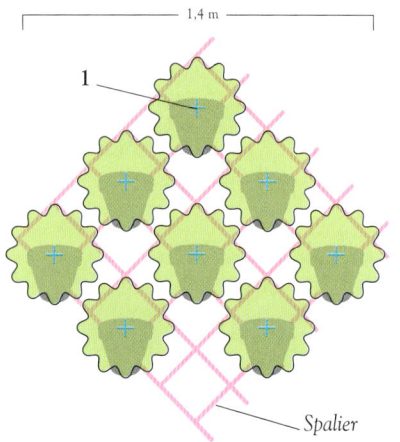

1,4 m

1

Spalier

EIMERWEISE BLÜTEN

Diese Treppe heißt jeden Besucher willkommen. Aus den Gefäßen quillt kaskadenartig eine Blüten- und Blätterpracht hervor. Die hängenden Pflanzen nutzen die Höhe der Treppe optimal aus. Bei diesem blau-goldenen Ensemble wechseln sich der niedrigwachsende Leberbalsam und das Wandelröschen mit den höheren Kornblumen und Dahlien ab.

SIE BENÖTIGEN DAZU

(Mengen für zwei Eimer)

1 *Dahlia* ‚Yellow Hammer' (Dahlie) × 1, S. 131
2 *Centaurea cyanus* ‚Blauer Busch' (Kornblume) × 2, S. 130
3 *Glechoma hederacea* ‚Variegata' (Gefleckte Gundelrebe) × 1, S. 133
4 *Lysimachia nummularia* ‚Aurea' (Pfennigkraut) × 1, S. 135
5 *Lantana* ‚Goldsonne' (Wandelröschen) × 2, S. 134
6 *Ageratum houstonianum* ‚Blaue Donau' (Leberbalsam) × 2, S. 128

ALTERNATIVES ARRANGEMENT

Eine einfache, aber reizvolle Alternative bietet sich, wenn Sie zwei Arten abwechselnd aufstellen, wie etwa aufrechte Pelargonien und schattenliebende Fleißige Lieschen in ähnlichen Farbtönen. Hier reichen die Farben von Weiß über helles und dunkles Rosa bis zu leuchtendem Rot. Auf Kellertreppen setzen Sie – um den schattigen Platz aufzuhellen – die kräftigen Farben nach oben und positionieren die Pflanzen mit den hellen Farben an das untere Ende.

Pelargonium ‚Rio'

Impatiens walleriana ‚Schattenkönigin'

Pelargonium ‚Tiffany'

Impatiens walleriana ‚Kobold Dunkelrosa'

Pelargonium ‚Cassandra'

Impatiens walleriana ‚Kobold Weiß'

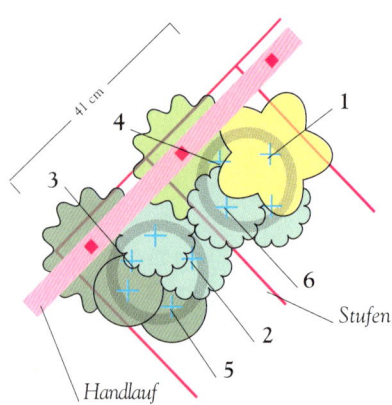

41 cm

1
4
3
6
2
5

Stufen

Handlauf

SICHERES PFLANZEN AUF EINER TREPPE

Eine Treppe ist ein idealer Platz für ein Pflanzenensemble, denn hier lassen sich viele reizvolle optische Effekte erzielen. Zuvor sollten Sie den Platz jedoch ausmessen. Achten Sie auf die Breite und Tiefe der Stufen, und vergewissern Sie sich, daß die Töpfe und Pflanzen die Treppe nicht einengen. Verzinkte Floristeneimer (diese haben in den Boden gebohrte Drainagelöcher) wirken modern und, weil sie hoch und schlank sind, nehmen sie wenig Platz ein. Wenn möglich, sichern Sie jeden Kübel, damit er nicht umgestoßen werden kann. Wickeln Sie etwas Gartendraht um jedes Gefäß, und binden Sie diesen dann am Geländer fest.

**Dahlia
‚Yellow Hammer‘**
*Knollen ausgraben und im
Frühjahr wieder setzen*

**Ageratum
houstonianum
‚Blaue Donau‘**
*Gebündelte Blüten
bringen Struktur
in die Gruppe*

**Centaurea cyanus
‚Blauer Busch‘**
*Die langlebigen
Kornblumen sind
gute Schnittblumen*

DIE PFLEGE DER GRUPPE

Im Sommer gut gießen und düngen,
vertrocknete Blüten entfernen – dann
bleibt das Ensemble bis in den Herbst
schön. Das Wandelröschen übersteht
den Winter im Haus, wenn es umgetopft wird. Pfennigkraut treibt im
Frühjahr wieder aus, Efeu ist eine
immergrüne Pflanze. Als Blumen-
schmuck für Winter und Frühjahr
eignen sich Gartenstiefmütterchen.

Lantana ‚Goldsonne‘
*Blütenbündel heben sich von
den dunkelgrünen Blättern ab*

**Glechoma hederacea
‚Variegata‘**
*Lange Stengel stutzen, um den
buschigen Wuchs zu fördern*

**Lysimachia
nummularia ‚Aurea‘**
*Schnellwachsende
Zweige hängen die
Stufen hinunter*

GANZJÄHRIGE SCHÖNHEIT

Dieses Arrangement verzaubert mit seiner dauerhaften Schönheit jeden kleinen, schattigen Platz, wie etwa einen Kellerabgang. Der Feuerdorn trägt zarte, immergrüne Blätter und im Frühjahr weiße Blüten. Seine ornageroten Beeren zeigt er zur Herbst- und Winterzeit. Die Gartenhortensie erblüht im Spätsommer weiß. Die glänzenden Blätter der Zimmeraralie und das mehrfärbige Pfaffenhütchen sind ganzjährig attraktiv.

SIE BENÖTIGEN DAZU

1 *Fatsia japonica* (Zimmeraralie)
   × 1, S. 132
2 *Euonymus fortunei* ‚Gold Tip‘
   (Pfaffenhütchen) × 1, S. 132
3 *Hydrangea macrophylla* ‚White Wave‘
   (Gartenhortensie) × 1, S. 134
4 *Pyracantha rogersiana* ‚Soleil d'Or‘
   (Feuerdorn) × 1, S. 137

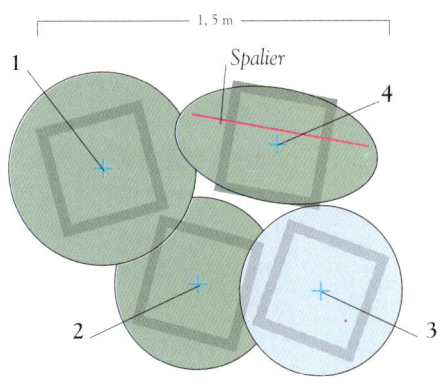

1, 5 m

Spalier

1

4

2

3

Fatsia japonica
Die Blätter regelmäßig mit einem feuchten Tuch reinigen (S. 119)

Die spiegelnden Blätter der Zimmeraralie sind im Schatten sehr nützlich, da sie das Licht reflektieren

Die Zimmeraralie trägt im Herbst kleine weiße Blüten, im Frühwinter schwarze Früchte

DIE PFLEGE DER GRUPPE

Ein auf einem Bambusrahmen gezogener Feuerdorn vor einer Wand wirkt sehr gut. Entfernen Sie im Frühjahr die nach außen wachsenden Triebe, geben Sie dabei auf die langen Dornen acht. Die Blätter der Hortensie fallen im Winter, die Blüten verwelken rostbraun; diese sehen hübsch aus, man kann sie hängen lassen, bis frische Triebe sprießen.

Euonymus fortunei ‚Gold Tip‘
Die Sprenkelung ist auf den jungen Blättern gelb und wird später cremefarben

**Pyracantha
,Soleil d'Or'**
*Die orangeroten
Beeren wachsen im
Herbst und bleiben
an einem geschütz-
ten, vogelfreien
Standort bis in den
Winter erhalten*

**Hydrangea
macrophylla
,White Wave'**
*Wird kalkfreier Hu-
mus verwendet, blei-
ben die Blüten weiß;
in basischem Kompost
sind sie rosa getönt*

*Gekalkte
Holzkästen
hellen schat-
tige Plätze
auf (S. 105)*

EIN TREPPENGELÄNDER

Kletterpflanzen an einem Treppengeländer verschönern jeden Treppenabgang. Hier erstreckt sich ein wasserdichter Holzkasten über zwei Stufen, um den Kletterpflanzen ausreichend Humus zu bieten. Die Purpurfarbe des Weinstocks harmoniert mit dem Weinrot der Malerblume, der Waldrebe und des Alang-Alang-Grases.

SIE BENÖTIGEN DAZU

1 *Imperata cylindrica* ‚Rubra‘ (Alang-Alang-Gras) × 3, S. 134
2 *Clematis* ‚Vino‘ (Waldrebe) × 1, S. 131
3 *Gaillardia pulchella* ‚Red Plume‘ (Malerblume) × 4, S. 133
4 *Plectranthus forsteri* ‚Marginatus‘ × 2, S. 137
5 *Vitis vinifera* ‚Purpurea‘ (Weinstock) × 1, S. 139

KASTEN ÜBER ZWEI STUFEN

Verwenden Sie für den Kasten geeignetes, wasserdichtes Holz. Harthölzer, etwa Teak, sollten aus einem Plantagenanbau stammen. Messen Sie die Höhe und Tiefe der Stufen, und schneiden Sie das Holz genau zu, sodaß der Kasten exakt sitzt. Halten Sie bei der Konstruktion jede Kante mit zwei Metallklammern zusammen, und bohren Sie Drainagelöcher in den Boden (siehe S. 104). Hier wurde die Außenseite wasserfest lackiert (siehe S. 105), man könnte sie auch bemalen oder verfliesen.

VARIATION ÜBER EIN THEMA

Dieses Arrangement ist über eine sehr lange Periode attraktiv. Die Waldrebe zeigt im späten Frühjahr einen Schwall weinroter Blüten, die Weinblätter ergeben eine Mischung aus Purpur und Grün. Einen Kontrast bildet der im Frühjahr blühende Blauzungenlauch mit klöppelartigen purpurnen Blüten. Seine Knollen sollten im Herbst eingesetzt werden.

Vitis vinifera **‚Purpurea‘ (Weinstock)**

Clematis **‚Vino‘ (Waldrebe)**

Allium karataviense **(Blauzungenlauch)**

Imperata cylindrica **‚Rubra‘ (Alang-Alang-Gras)**

Plectranthus cleoides **‚Marginatus‘ (Hängender Harfenstrauch)**

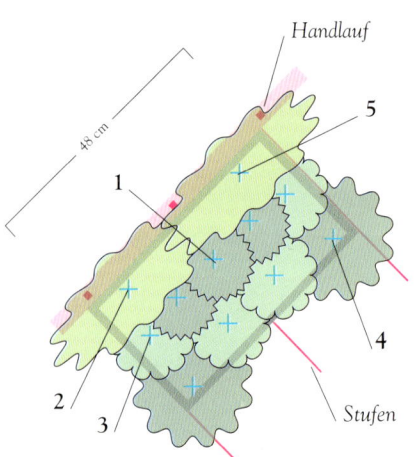

Handlauf

5

1

4

2

3

48 cm

Stufen

DIE PFLEGE DER GRUPPE

Stutzen Sie die Waldrebe zu Beginn des Frühjahrs: Entfernen Sie
die alten und welken Teile, und schneiden Sie die verbleiben-
den Triebe um etwa ein Drittel zurück. Setzen Sie die jungen Triebe dazu, solange sie noch grün sind, später ver-
holzen sie. Den Wein sollten Sie am besten stutzen,
wenn er die Länge des Handlaufs überspannt.

Vitis vinifera
‚Purpurea'
*Die jungen, grünen
Blätter werden im
Sommer weinrot, im
Herbst purpur*

Clematis ‚Vino'
*Die Ranken klettern
ohne Hilfsmittel das
Geländer hinauf*

**Imperata cylindrica
‚Rubra'**
*Dünne rote Gräser
heben die Mitte des
Arrangements hervor*

**Gaillardia
pulchella
‚Red Plume'**
*Regelmäßiges
Entfernen welker
Blüten sichert
einen stetigen
Nachwuchs*

**Plectranthus
forsteri
‚Marginatus'**
*Hängende, ge-
sprenkelte Blätter
kaschieren die
Ecken des Kastens*

SCHATTIGE FARNE

Farne gedeihen im Schatten – deshalb sind sie gut geeignet, um einen von der Sonne vernachlässigten Ort zu beleben. Sie sind unterschiedlichst geformt. Der Frauenhaarfarn zeigt kleine Tränen, und der Geweihfarn trägt seinen Namen zurecht. Es ist schwer vorstellbar, aber alle diese Pflanzen gehören einer Familie an. Verschiedenfarbige Spaliersprossen bilden einen schmucken Hintergrund.

SIE BENÖTIGEN DAZU

1 *Asplenium nidus* (Nestfarn) × 1, S. 129
2 *Blechnum spicant* (Rippenfarn) × 2, S. 130
3 *Adiantum raddianum* (Frauenhaarfarn) × 2, S. 128
4 *Platycerium bifurcatum* (Geweihfarn) × 1, S. 137
5 *Asplenium scolopendrium* (Streifenfarn) × 1, S. 129

DIE PFLEGE DER GRUPPE

Farne sind Waldpflanzen und bevorzugen satte, feuchte Erde. Verwenden Sie feuchtigkeitsspeichernde, wenn möglich mit Laubkompost angereicherte Erde. Achten Sie darauf, daß die Pflanzen weder völlig unter Wasser stehen noch austrocknen. Düngen Sie im Sommer alle zwei Wochen mit Flüssigdünger. Geweihfarn und Nestfarn sind nicht winterfest und müssen vor dem ersten Frost in das Haus gebracht werden.

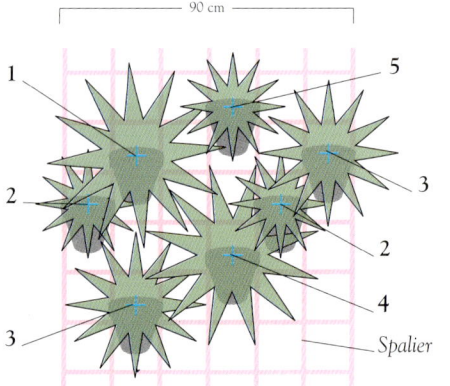

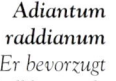

Asplenium nidus
Wenn Wurzeln aus der Erde ragen, sollte dieser Farn im Frühjahr umgetopft werden

Blechnum spicant
Die ältesten Zweige sollten im späten Frühjahr gestutzt werden, damit sich neue Triebe entfalten können

Adiantum raddianum
Er bevorzugt kalklose Erde

Bemalte Plastiktöpfe verringern das Gewicht

90 cm

1
2
3

5
3
2
4

Spalier

Asplenium scolopendrium
Glänzende Triebe entrollen sich aus der Mitte der Pflanze

Mit einem Handsprüher kann man die Farne bei heißem Wetter feucht halten, indem man einen feinen Sprühregen um sie herum erzeugt – nicht direkt auf die Blätter sprühen

Platycerium bifurcatum
Seine Blätter haben einen feinen, samtartigen Überzug

EIN KORB VOLLER PASTELL

Die Rose ‚Northamptonshire‘ blüht mehrmals im Jahr. Als niedrigwachsende Blume eignet sie sich gut für ein prachtvolles Arrangement in einer Blumenampel. Ihre zartrosa Blüten werden vom pastelligen Violett der Verbene ‚Pink Parfait‘ und dem zarten Lila des hängenden Männertreu sowie von der Winde kontrastiert. Pflanzen Sie die Rose in einen großen Korb, um sie mit ausreichend Humus zu versorgen.

SIE BENÖTIGEN DAZU

1 *Rosa* ‚Northamptonshire‘ (Rose) × 1, S. 138
2 *Convolvulus sabatius syn. C. mauritanicus* (Winde) × 5, S. 131
3 *Lobelia pendula* ‚Lilac Fountain‘ (Männertreu) × 5, S. 135
4 *Verbena* ‚Pink Parfait‘ (Verbene) × 5, S. 139

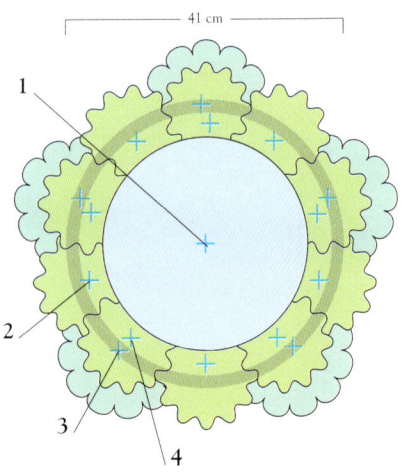

DIE PFLEGE DER GRUPPE

Fördern Sie den frischen Wuchs des Männertreu durch Zurechtschneiden mit einer Schere (siehe S. 121). Auch die Rose regelmäßig schneiden (alle Büschel mit welken Blüten abschneiden) – ebenso die Winde. Die Rose kann zwei Jahre in der Blumenampel bleiben. Erneuern Sie die oberste Schicht Erde, bevor die Pflanzen im Frühjahr zu wachsen beginnen. Zugleich schneiden Sie einige der langen Zweige bis zu einer nach außen gerichteten Knospe zurück. Nach zwei Jahren topfen Sie die Rose um, oder verschenken Sie sie.

ALTERNATIVES ARRANGEMENT

Petunia milliflora ‚Fantasy‘

Pelargonium ‚Blizzard Cascade‘

Rosa ‚Suffolk‘

Die Kombination von Rot, Weiß und Blau ist besonders für sommerliche Blumenampeln beliebt, und es gibt sehr viele Pflanzen, mit denen dieses traditionelle Arrangement gestaltet werden kann. Hier wird die leuchtend rote Rose ‚Suffolk‘ als Blickfang verwendet. Zusammen mit der sattblauen, hängenden Petunie ‚Fantasy‘ und der weißen Pelargonie ‚Blizzard Cascade‘ ergibt sich eine Einheit.

Der hängende Korb sollte mindestens einmal täglich gegossen werden, wenn die Temperatur 20° C übersteigt, sogar zweimal

Verbena ‚Pink Parfait‘
Ihre Blüten sind blaß- bis dunkelrosa

Rosa
‚Northamptonshire‘
Die Rose bildet einen
Teppich aus Farbe

Regelmäßiges Stut-
zen der Rose fördert
die jungen Triebe

Lobelia pendula
‚Lilac Fountain‘
Ein Meer von Blü-
ten füllt alle Lücken
im Arrangement

Convolvulus
sabatius
Kleine porzel-
lanblaue Blüten
an langen,
hängenden
Stengeln

GEOMETRISCHE TRILOGIE

Dieses Arrangement bezieht seinen Reiz aus gegensätzlichen geometrischen Formen, die durch die klaren Linien von glatten Terrakottatöpfen unterstrichen werden. Der zur Kugel gestutzte Buchsbaum überbrückt den Höhenunterschied zwischen der Pyramide aus Kanarischem Efeu und einer Scheibe aus niedrigwachsendem Fleißigen Lieschen. So bietet sich dem Auge eine harmonische Trilogie.

DIE PFLEGE DER GRUPPE

Diese Pflanzen gedeihen im Schatten, der immergrüne Efeu und der Buchsbaum sind das ganze Jahr interessant. Das Fleißige Lieschen übersteht die ersten Frostnächte nicht. Sie könnten es im Herbst durch *Viola × wittrockiana* (Gartenstiefmütterchen) oder schattenliebende Primeln ersetzen.

Der Nachwuchs wird mit einer weichen Schnur in die Form integriert und nicht in das Buschwerk gezwängt, damit er sich besser entfalten kann (siehe S. 121)

Hedera canariensis ‚Gloire de Marengo‘
Der großblättrige, cremefarben-gesprenkelte Efeu bedeckt den Holzrahmen sehr schnell

Der hölzerne Zierbaumrahmen wurde mit dunkelgrüner Holzfarbe behandelt

SIE BENÖTIGEN DAZU

1 *Hedera canariensis* ‚Gloire de Marengo‘ (Efeu) × 1, S. 133
2 *Buxus sempervirens* (Buchsbaum) × 1, S. 130
3 *Impatiens* ‚Super Elfin Red‘ (Fleißiges Lieschen) × 7, S. 134

Buxus sempervirens
Der Buchsbaum wächst langsam, aber seine dichten Blätter ergeben eine exakte Form

1, 7 m

Hölzerner Zierbaumrahmen

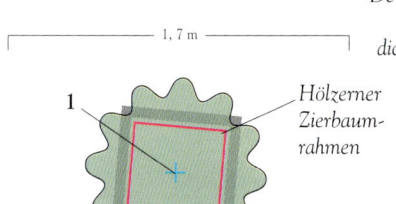

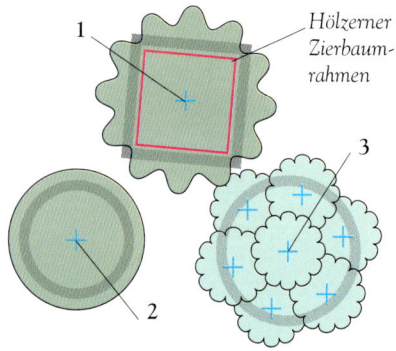

1

3

2

VARIATION ÜBER EIN THEMA

| Spirale | Kegel | Kugel | Säule | Pudel |

Efeu, Buchsbaum und manche Koniferen eignen sich gut für einen geometrischen Zuschnitt, und sie halten das ganze Jahr sehr schön ihre Form. Verschiedene Muster sind möglich – eine schlichte Kugel, ein Kegel oder eine Säule; komplizierter sind Spirale und Pudel. Fertig zugeschnittene Zierbäume sind teuer, man kann die gleichen Ergebnisse aber auch selbst erreichen. Sie brauchen dazu eine scharfe Gartenschere, gutes Augenmaß und viel Geduld, denn der Formschnitt benötigt mindestens zwei Jahre, bis er seine endgültige Gestalt erreicht hat. Runde Formen sind einfacher als eckige, für die man ein Lot, eine Schablone und einen Rahmen benötigt. Bevor Sie eine komplizierte Form in Angriff nehmen, sollten Sie sich mit den Techniken des Formschnitts vertraut machen.

Impatiens walleriana ‚**Super Elfin Red**‘
Das Fleißige Lieschen schneiden, wenn es struppig wird

Springkraut kann man vermehren, indem man Setzlinge ins Wasser gibt (siehe S. 122)

SCHNITT UND ZIEHUNG

Zwicken Sie die Triebe des Efeus und Buchsbaums ab, um den buschigen Wuchs zu fördern. Stutzen Sie den Nachwuchs des Buchsbaums zweimal jährlich während der Wachstumsperiode. Arbeiten Sie vorsichtig (S. 121). Schneiden Sie den Efeu regelmäßig, sobald er den Rahmen bedeckt – immer den Stengel, niemals in die Blätter selbst, die braun werden und schrumpfen. Entfernen Sie hin und wieder einen alten Trieb, und binden Sie einen jungen vor diese Stelle.

GELB & ORANGE

Blumenampeln werden meist mit Sommerblumen bepflanzt, doch ein kleiner Strauch macht sich ebenso schön. Das Zentrum dieser Schattengruppe bildet der Zwergstrauch des Pfaffenhütchens mit seinen hängenden Stengeln. Ihm zur Seite stehen üppige Pflanzen mit lebendigen, ins Auge springenden Farben: Knollenbegonien, Gauklerblumen, der Felberich und die Kapuzinerkresse.

SIE BENÖTIGEN DAZU

1 *Euonymus fortunei* ‚Sunspot' (Pfaffenhütchen) × 1, S. 132
2 *Begonia × tuberhybrida* ‚Sensation Yellow' (Knollenbegonien) × 2, S. 129
3 *Tropaeolum* ‚Salmon Baby' (Kapuzinerkresse) × 6, S. 139
4 *Lysimachia congestiflora* ‚Outback Sunset' (Felberich) × 4, S. 135
5 *Mimulus* ‚Viva' (Gauklerblume) × 7, S. 135

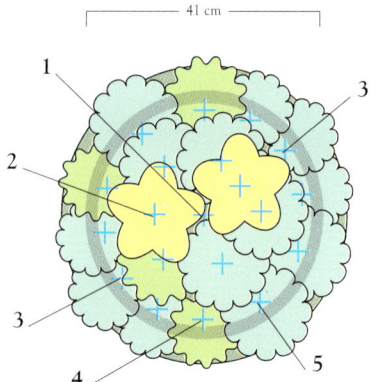

— 41 cm —

DIE PFLEGE DER GRUPPE

Das Pfaffenhütchen ist immergrün und auch im Winter recht ansehnlich. Das Goldkörbchen verwelkt und sprießt im nächsten Jahr von neuem. Ausgegrabene Begonienknollen überwintern frostgeschützt in trockener Erde oder in Sand. Im Herbst gepflanzte gelbe und weiße Krokusknollen erfreuen Sie im Frühjahr mit frischen Farben.

Lysimachia congestiflora ‚Outback Sunset' *Bündel kleiner gelber Blüten sind von hellen, gesprenkelten Blättern umgeben*

Euonymus fortunei ‚Sunspot' *Nach ein paar Jahren wird dieser Strauch dem Korb entwachsen und sollte umgetopft werden*

Begonia × tuberhybrida ,Sensation Yellow'
Diese hängende Begonie blüht den ganzen Sommer hindurch

ALTERNATIVES ARRANGEMENT

An einem schattigen Platz ist eine Überfülle aus einer Blumenampel wuchernder weißer Blüten wunderschön. Es gibt viele weißblühende Pflanzen, die im Schatten gut gedeihen. Hier wurde eine kleine Fuchsie mit Begonien, Fleißigen Lieschen und Männertreu (*Lobelia*) zu einem Arrangement gestaltet. Wenn regelmäßig die verwelkten Blüten abgeschnitten werden, wachsen während des ganzen Sommers neue nach.

Fuchsia

Begonia

Impatiens walleriana

Lobelia

Mimulus ,Viva'
Unregelmäßig wachsende Stengel sollten zurückge- schnitten werden

Die welken Blüten der Gauklerblume sollten regelmäßig entfernt werden, um den Nachwuchs zu fördern

Tropaeolum ,Salmon Baby'
Die Samen können im Frühsommer direkt in den Korb gesät werden.

Der Korb wird mit Kokosgarn ausgepolstert (siehe S. 117)

ENGE RÄUME

LUFTIGER DACHVORSPRUNG
Dieses Arrangement nützt den
gesamten Platz geschickt aus und
schafft eine Oase aus lebendigen
Farben in diesem kleinen Dachgarten.

Mit etwas Phantasie ist es möglich, auf kleinstem
Raum Pflanzen anzubauen – auf einem Dach, vor
einem Kellereingang, auf einem Balkon, in einem Innen-
hof oder in einem Treppenhaus. Eine grüne Oase an
einem ungewöhnlichen Ort sorgt für große Freude. Ist
der Platz auf dem Boden knapp, läßt sich die Mauer mit
Grünem gestalten. Immergrüne Pflanzen oder solche mit
einer langen Blühperiode bieten sich hier an.

KREATIVE ECKE
Die Pflanzenkombination aus Palmen
und Farnen, mit natürlichen
Materialien ausgestaltet, läßt bereits
das Haus zum Garten werden.

EIN ROSAFARBENES FASS

Kompakter Wuchs und dichte
Blüten machen Zwergrosen zu
idealen Topfpflanzen. Das
Herzstück des Arrangements,
die Rose ‚Pearl Anniversary‘,
zeigt perlmutterfarben bis
zartrosa schimmernde Blüten.
Dazwischen tauchen die
Malventöne der großblütigen
Fleißigen-Lieschen-Hybride
und der zarten Diascie auf.

SIE BENÖTIGEN DAZU

1 *Rosa* ‚Pearl Anniversary‘ (Rose)
   × 1, S. 138
2 *Nemesia* ‚Joan Wilder‘ (Nemesie)
   × 1, S. 136
3 *Diascia rigescens* (Dascie) × 1, S. 131
4 *Helichrysum petiolare* (Eisenkraut)
   × 3, S. 133
5 *Impatiens* Neu-Guinea-Hybriden
   (Fleißiges Lieschen) × 4 im Halbkreis
   gepflanzt, S. 134
6 *Lobelia pendula* ‚Lilac Fountain‘
   (Männertreu) × 3 im Halbkreis
   gepflanzt, S. 135
7 *Diascia vigilis* ‚Elliott's Variety‘
   (Diascie) × 1, S. 131

**Rosa ‚Pearl
Anniversary‘**
*Die Blütenbüschel sollten
entfernt werden, wenn sie
größtenteils verblüht sind*

**Nemesia
‚Joan Wilder‘**
*Kleine, gelbe Augen
leuchten aus der
Blütenmitte*

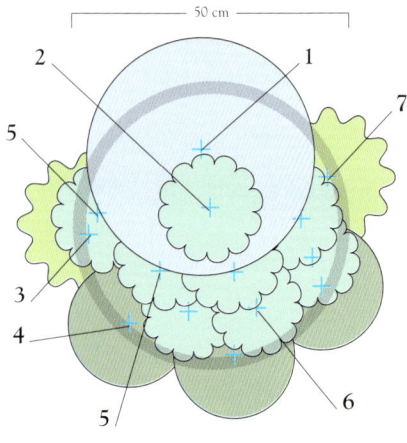

— 50 cm —

Diascia rigescens
*Die hängenden, kirsch-
farbenen Blüten kontras-
tieren zur zartrosa blü-
henden, aufrechten Dias-
cie ‚Elliott's Variety‘*

Diascia vigilis 'Elliott's Variety'
Die Dornen tragen im Sommer Blüten

Impatiens Neu-Guinea-Hybriden
Diese Sorte hat größere Blüten und Blätter als andere Fleißige Lieschen

VARIATION ÜBER EIN THEMA

Rosa ‚Flower Carpet'

Für eine noch lebendigere Variante ersetzen Sie die Rose ‚Pearl Anniversary' durch die Zwergrose ‚Flower Carpet'. Diese Sorte produziert den ganzen Sommer hindurch eine Vielzahl an leuchtend kirschroten Blüten, und sie ist den typischen Rosenkrankheiten gegenüber unempfindlich.

Lobelia pendula ‚Lilac Fountain'
Entfernen der welken Blüten fördert neues Wachstum (siehe S. 121)

Helichrysum petiolare
Die silbergrauen, hängenden Blätter runden das Ensemble ab

Wuchert die Strohblume zu stark, kann sie gestutzt werden, bis nur die jungen, nach außen zeigenden seitlichen Triebe zurückbleiben

Die rauchig-blaue Färbung des Eichenfasses hebt sich vom Rosa perfekt ab

DIE PFLEGE DER GRUPPE

Zwergrosen sind einfach zu pflegen, weil sie klein bleiben und nicht aufwendig gestutzt werden müssen. Wenn ein Blütenbüschel verwelkt ist, schneiden Sie es bis zum ersten nach außen gerichteten Blatt zurück. An der Schnittstelle von Blatt und Stamm wird eine Knolle neue Blüten hervorbringen. Um das Aufblühen der anderen Pflanzen zu fördern, schneiden Sie absterbende Dornen der der *Diascia* und *Nemesia* zurück.

BLÜTENKÖRBE

Weidenkörbe sind leicht und biegsam und daher gut für Topfpflanzen geeignet. Als natürliche Materialien ergeben Pflanzen und Weiden eine Einheit. Die Stengel des Japanischen Angelicabaums, die Blätter der Verbene sowie die Rückseite der Tabakpflanze haben den gleichen Pfirsichton. Kontraste erzeugen weiße Blumen, Kräuter fügt man wegen ihrer reizvollen Blätter hinzu.

SIE BENÖTIGEN DAZU

1   *Verbena ‚White Kleopatra'* (Verbene) × 3, S. 139
2   *Petunia ‚Junior Fantasy'* (Petunie) × 3, S. 136
3   *Ageratum ‚White Champion'* (Leberbalsam) × 2, S. 128
4   *Petroselinum crispum* var. *neapolitanum* (glattblättrige Petersilie) × 4, S. 136
5   *Verbena ‚Peaches and Cream'* (Verbene) × 3, S. 139
6   *Anethum graveolens* (Dill) × 4, S. 129
7   *Nicotiana ‚Havana Appleblossom'* (Tabak) × 4, S. 136
8   *Aralia elata ‚Variegata'* (Japanischer Angelicabaum) × 1, S. 129

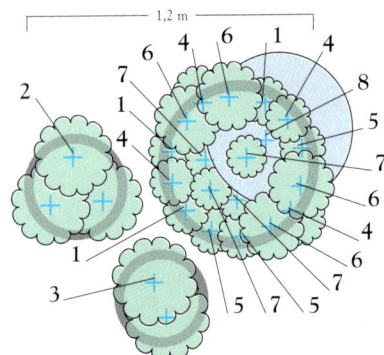

Anethum graveolens
Die gelben Blüten kann man ausrupfen, um das Wachstum der Blätter zu fördern

Aralia elata ‚Variegata'
Triebe mit einfärbig grünen Blättern sollten entfernt werden

Verbena ‚White Kleopatra'
Diese Sorte produziert dicht gebündelte weiße Blüten

DIE PFLEGE DER GRUPPE

Der Angelicabaum ist eine eindrucksvolle Pflanze und perfekt für einen Container an einem sonnigen Platz geeignet – auch etwas Schatten ist möglich. Die Sorte mit gesprenkelten Blättern ist nicht winterfest und muß vor Frost geschützt werden. Tabak, Verbenen, Leberbalsam und Petunien im Sommer regelmäßig von den welken Blüten befreien, damit sie stetig blühen. Knollengewächse wie Krokus oder Straußhyazinthe blühen auch im Frühjahr.

Petunia ‚Junior Fantasy'
Der Blütenkelch ist creme-, die Blütenblätter sind elfenbeinfarben

Ageratum ‚White Champion'
Bündel federartiger Blüten bringen eine ungewöhnliche Struktur in das Arrangement

Petunia ‚Surfinia Blue Vein‘

Petunia ‚Purple Wave‘

Verbena ‚Carousel‘

Impatiens walleriana

Helichrysum petiolare

Ein präparierter Einkaufskorb (siehe S. 117) ergibt eine perfekte Blumenampel. Hier quellen ein paar hängende Sorten der Pflanzen des Hauptarrangements pittoresk über den Korbrand. Der kaskadenförmige Wuchs der Petunien ‚Purple Wave‘ und ‚Surfinia Blue Vein‘ wird von der Verbene ‚Carousel‘, sie hat gestreifte Blüten, begleitet. Symmetrisch angeordnete Fleißige Lieschen ragen nach oben, die Strohblumen weisen nach unten.

Nicotiana ‚Havana Appleblossom‘
Die sternförmigen Blüten erhellen das Zentrum der Gruppe

Petroselinum crispum var. neapolitanum
Die Petersilie kann man zum Kochen verwenden

Verbena ‚Peaches and Cream‘
Die Blüten vereinen Lachsschattierungen mit Korallenrot und einem Hauch von Gelb

Der Korb ist mit schwarzer Plastikfolie ausgekleidet (siehe S. 117)

KORBPRÄPARATION

Wenn Sie eine Korb als Pflanzengefäß verwenden möchten, entscheiden Sie sich für ein stabiles und langlebiges Modell. Überlegen Sie zuerst, welche Pflanzen Sie verwenden werden, damit Sie sich bei der Korboberfläche nicht für einen unpassenden Farbton entscheiden. Um die natürliche Farbe der Weide zu bewahren, verwenden Sie klaren, wasserresistenten Lack. Als Alternative bieten sich Holzlacke in Tönen wie Jadegrün, Taubenblau oder warmem Rostrot an. Überlegen Sie gut, ob der gewählte Farbton zur Pflanzengruppe paßt.

SCHWARZ-WEISS-KONTRASTE

Nur wenige Pflanzen haben schwarze oder purpurfarbene Blüten, noch weniger haben schwarze Blätter. In Kontrast mit Weiß und in einen verzinkten Metallbehälter gepflanzt entsteht ein Arrangement, das in seiner Modernität besticht. Schlangenkraut bleibt ganzjährig schwarz, sein hellstes Weiß zeigt das Weiche Honiggras im Frühling.

SIE BENÖTIGEN DAZU

1 *Tulipa* ‚Queen of Night' (Tulpe)
   × 6 ungeordnet gepflanzt, S. 139
2 *Ophiopogon planiscapus* ‚Nigrescens'
   (Schlangenkraut) × 6, S. 136
3 *Holcus mollis* ‚Albovariegatus'
   (Weiches Honiggras)
   × 6, S. 134
4 *Tulipa* ‚Maureen' (Tulpe)
   × 13 ungeordnet gepflanzt, S. 139
5 *Muscari botryoides* ‚Album'
   (Straußhyazinthe) × 12, S. 135

**Holcus mollis
‚Albovariegatus'**
*Im Spätwinter die
Pflanze auf 10 cm
zurückschneiden,
das fördert einen
weißen Nachwuchs*

50 cm

1
2
3
5
4

Tulipa ,Queen of Night'
Diese Tulpe produziert vom späten Frühjahr bis in den Frühsommer ihre einzelnstehenden Blüten

Tulipa ,Maureen'
Die elfenbeinfarbenen Blüten mit den hellgrünen Blättern sind ein Blickfang

Muscari botryoides ,Album'
Die blühenden Spitzen halten bis zu drei Wochen

Ophiopogon planiscapus ,Nigrescens'
Die lilafarbigen Blüten können im Sommer entfernt werden, damit das Schwarz-Weiß-Motiv erhalten bleibt

VARIATION ÜBER EIN THEMA

Cosmos sulphureus ,Ladybird Scarlet' (Kosmee)

Viola ,Bowles' Black' (Veilchen)

Viola cornuta alba

Setzen Sie das Schwarz-Weiß-Thema im Sommer mit langblühenden Veilchen fort, wie etwa mit der Sorte ,Bowles' Black' und dem Hornveilchen. Das Purpur der Kosmee (Schmuckkörbchen) ,Ladybird Scarlet' bildet zu diesen Blüten einen starken Kontrast.

Gesamt-ansicht

In den Boden werden Drainagelöcher gebohrt (siehe S. 105)

DIE PFLEGE DER GRUPPE

Am wohlsten fühlt sich dieses Frühlings-ensemble an einem sonnigen Platz. Die unansehnlichen, verblühten Tulpen entfernen. Die Hyazinthe bleibt im Gefäß und sollte, wenn sie verwelkt, flüssig gedüngt werden, um im nächsten Jahr wieder erblühen zu können.

SPEKTAKULÄRE SILHOUETTEN

In Kontrast zu einer weißen Wand nimmt sich dieses Ensemble sehr beeindruckend aus, denn seine Blätter werfen schöne Schattenmuster. Die Akanthusstaude zeigt im Sommer dicke purpurfarbene Blütenhalme, hier ist sie wegen ihrer festen, glänzenden Blätter abgebildet. Ihre kurvigen Formen bilden einen wirkungsvollen Gegensatz zum schmalen, schwertähnlichen Blattwerk der Keulen- und der Palmlilie.

SIE BENÖTIGEN DAZU

1 *Chamaerops humilis* (Zwergpalme) × 1, S. 130
2 *Cordyline australis* ‚Torbay Dazzler‘ (Keulenlilie) × 1, S. 131
3 *Acanthus mollis* (Akanthus) × 1, S. 128
4 *Yucca filamentosa* (Palmlilie) × 1, S. 139
5 *Fargesia murieliae* ‚Simba‘ (Schirmbambus) × 1, S. 132

DIE PFLEGE DER GRUPPE

Trotz ihres exotischen Aussehens halten die meisten dieser Pflanzen leichten Frost aus. Der Akanthus behält an einem geschützten Platz sogar im Winter seine Blätter. Zwergpalmen, Keulen- und Palmlilien brauchen mehr Winterschutz als der Schirmbambus (S. 109).

Chamaerops humilis
Welke Wedel mit einem scharfen Messer direkt am Stamm abschneiden

Die Zwergpalme zeigt im Sommer vielleicht kleine gelbe Blüten

Der Erde beigefügter Kies sorgt für eine gute Befeuchtung

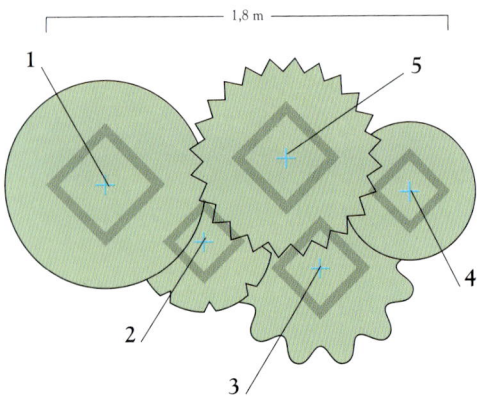

1,8 m

Eckige Terrakottatöpfe heben die Linienform der Holzpaletten hervor

Fargesia murieliae ‚Simba'
*Im Frühjahr können alte Rohre des
Schirmbambus abgeschnitten werden,
um den Nachwuchs zu fördern*

Acanthus mollis
*Nach dem Blühen sollten die
Blütenspitzen abgeschnitten
werden, damit die Pflanze
neue Blätter produziert*

Yucca filamentosa
*Den intensiv grünen
Blättern entwachsen
weiße Fäden*

Cordyline australis ‚Torbay Dazzler'
*Alte Blätter sollten entfernt werden, wenn
sie ihre Mehrfärbigkeit verlieren*

*Die immergrünen Blätter mit
einem feuchten Tuch reinigen
(siehe S. 119)*

FRÜHLINGSHARMONIE

Ein Strauch wie der Lorbeerschneeball ist ein idealer Ersatz für einen Topfbaum. Auch er läßt sich zu einer Kugelform stutzen. Der immergrüne Strauch wandelt sich mit den Jahreszeiten – auf rote Knospen im Winter folgen im Frühjahr rot-weiße Blüten. Hier unterstreicht eine darunter gepflanzte Tulpe ‚Angelique‘ die rosa Färbung des Arrangements. Blumen und Strauch sind in Größe und Farbe perfekt aufeinander abgestimmt, der Efeu rundet die Ecken des Behälters ab.

SIE BENÖTIGEN DAZU

1 *Hedera helix* ‚Esther‘ (Efeu) × 4, S. 133
2 *Tulipa* ‚Angelique‘ (Tulpe) × 12, S. 139
3 *Viburnum tinus* (Lorbeerschneeball) × 1, S. 139

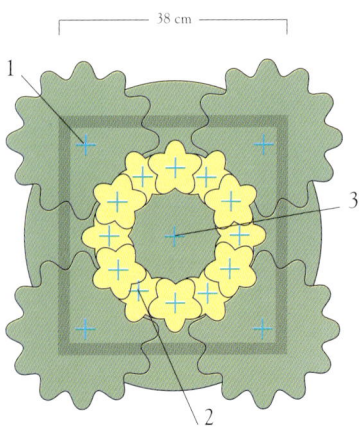

——— 38 cm ———

1

3

2

VARIATION ÜBER EIN THEMA

SOMMERSCHMUCK

Wenn die Tulpen verblüht sind, kann man sie durch schattenverträgliche Knollenbegonien ersetzen. Versuchen Sie die sehr dekorativen *B. × tuberhybrida* ‚Non-stop‘ in Kombination mit einer kleiner-blühenden, hängenden Sorte wie der *B. pendula* ‚Illumination‘. Auch Fuchsien oder Fleißige Lieschen würden gut passen.

Begonia × tuberhybrida ‚Non-stop‘

Begonia pendula ‚Illumination‘

HERBST- UND WINTERFARBEN

Alpenveilchen mit kleinen Blüten, etwa die tiefrosa *Cyclamen hederifolium*, sorgen ebenso wie der Lorbeerschneeball für leuchtende Farben zur Herbst- und Winterzeit. Die Blüten der Alpenveilchen überstehen den Frost nicht. Bei kaltem Wetter bekommen manche kleinblättrige, gefleckte Efeus einen warmen Rosaton.

Cyclamen hederifolium (Alpenveilchen)

Viburnum tinus
*Der Kopf sollte im
Spätherbst gestutzt
werden, damit er in
Form bleibt*

*Wenn Sie den Kopf
stutzen, sollten Sie die
Stengel immer unter-
halb der Triebe schnei-
den, um die Schnitt-
stellen zu verstecken*

Tulipa ‚Angelique‘
*Die Blüten sind tagsüber
offen und schließen sich
zur Abenddämmerung*

*Die Tulpen werden im
Frühwinter gepflanzt, um
Frostschäden an den jungen
Blättern zu vermeiden*

**Hedera helix
‚Esther‘**
*Efeu ist das ganze
Jahr sehr schön und
flächendeckend*

STANDORTE FÜR DIESES ARRANGEMENT

Der Lorbeerschneeball und die
vielen erhältlichen Farne wachsen
unter sehr unterschiedlichen Bedingungen, im Halbschatten bis Schatten. Deshalb ist dieses Arrangement
ideal für Plätze wie Kellereingänge
oder schattige Mauern, wo sonst
nichts wachsen würde. Die robusten
ledrigen Blätter halten auch windi-
gen Verhältnissen stand. Tulpen
benötigen etwas Sonne. Wenn Sie
dieses Arrangement an einem sehr
schattigen Platz aufstellen, sollten
Sie die Tulpen in einem eigenen
Gefäß ziehen und sie erst dazu-
geben, wenn sie in Blüte stehen.

DIE PFLEGE DER GRUPPE

Die Kombination von unkom-
plizierten Pflanzen macht dieses Arrangement besonders
pflegeleicht, besonders wenn
dem Humus beim Pflanzen
Langzeitdünger beigemengt
wird (siehe S. 119). Die Tulpen entwickeln im folgenden
Jahr zwar wieder Blüten, ihre
welken Blätter sehen aber
nicht schön aus. Deshalb
empfielt es sich, die verblühten Pflanzen zu entfernen und
jedes Jahr im Herbst neue
Knollen zu setzen.

DREIECKE IN ROST UND CREME

Dreieckige Gefäße sind ungewöhnlich, aber sehr vielseitig. Sie lassen sich in vielen Varianten anordnen. Die groben Formen dieser Kästen verlangen nach wilden Pflanzen. Schwertähnlich sind die Blätter des Neuseeländer Flachses, ebenso jene der Montbretie ,Emiliy McKenzie' und der Fackellilie. Das Eisenkraut nimmt dem Arrangement seine Schärfe und rundet die Ecken der Kästen ab.

SIE BENÖTIGEN DAZU

1 *Crocosmia ,Emily McKenzie'*
   (Montbretie) × 9, S. 131
2 *Kniphofia uvaria (Fackellilie)*
   × 4, S. 134
3 *Kniphofia ,Little Maid' (Fackellilie)*
   × 3, S. 134
4 *Helichrysum petiolare (Eisenkraut)*
   × 6, S. 133
5 *Phormium tenax ,Bronze Baby'*
   (Neuseeländer Flachs) × 2, S. 137

DIE PFLEGE DER GRUPPE

Plazieren Sie dieses Arrangement an einem sonnigen Ort, gießen Sie immer ausreichend. Schneiden Sie die welken Blätter der Fackellilie ab, um den Nachwuchs zu fördern. Montbretienknollen können in der Erde bleiben oder in trockenem Sand gelagert werden. Schützen Sie die Kronen der Fackellilie vor Frost (siehe S. 109). Entfernen Sie im Frühjahr alle abgestorbenen Blätter des immergrünen Neuseeländer Flachses sowie der Strohblumen.

Kniphofia ,Little Maid'
Diese Zwergsorte erreicht eine
maximale Höhe von 60 cm

Kniphofia uvaria
Ihre Blüten ziehen
Schmetterlinge und
Bienen an

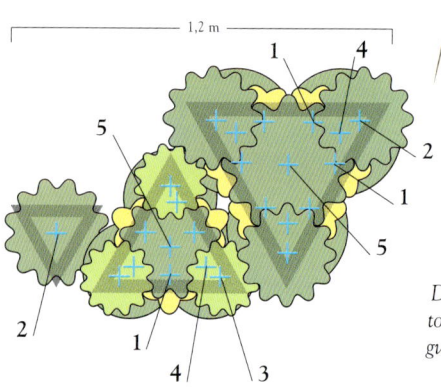

Der warme Braunton des Holzes paßt gut zu den Pflanzen

**Phormium tenax
,Bronze Baby'**
*Die schmalen Blätter sind immer
grün und das ganze Jahr ansehnlich*

*Die bronzefarbenen Flachsblätter
passen zum Feuerzungen-Motiv*

**Crocosmia
,Emily
McKenzie'**
*Leuchtend
orangefarbene,
sternförmige
Blüten mit noch
dunklerem,
feurig-orangen
Trieben blühen
im Spätsommer*

**Helichrysum
petiolare**
*Diese Blattpflanze
behält in milden
Wintern die Blätter*

KUPFERKONTRASTE

Eine Zusammenstellung win-
terharter Pflanzen und Gräser
sieht in Gefäßen ebenso
hübsch aus wie in Rabatten.
Der Kupferton des Wasser-
kessels legte die Auswahl von
einer Segge ‚Bronze Form‘ und
eines Stachelnüßchens ‚Kupferteppich‘ nahe. Die offenen,
luftigen Formen der Verbene
und des Chinaschilfs ergeben
einen schönen Kontrast zur
soliden zylindrischen Form des
Pflanzengefäßes.

SIE BENÖTIGEN DAZU

1 *Acaena microphylla* ‚Kupferteppich‘
(Stachelnüßchen) × 4, S. 128
2 *Verbena bonariensis* syn. *V. patagonica*
(Verbene) × 3, S. 139
3 *Carex comans* ‚Bronze Form‘ (Segge)
× 2, S. 130
4 *Miscanthus sinensis* ‚Morning Light‘
(Chinaschilf) × 1, S. 135

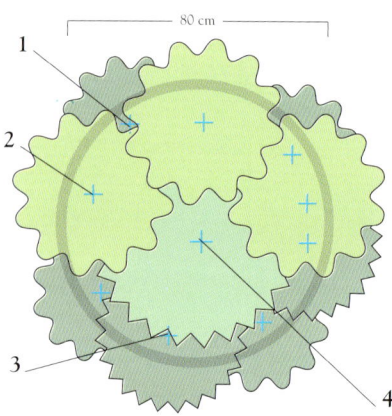

HÄNGENDE SEGGE

Carex comans ‚Bronze Form‘
hängt sehr pittoresk nach
unten. Die warmen bronze-
farbenen Blätter leuchten
herrlich in der Sonne. Stellen Sie das Arrangement
daher an eine Stelle, wo es
gut zur Geltung kommt.

*Das Blattwerk ist
winterfest*

VARIATION ÜBER EIN THEMA

**Euphorbia griffithii
‚Fireglow‘
(Wolfsmilch)**

**Miscanthus
sinensis
‚Morning
Light‘**

**Festuca
glauca
‚Elijah Blue‘
(Blau-
schwingel)**

**Acaena
‚Blue Haze‘**

Das Chinaschilf bleibt bei dieser ebenfalls sehr an Kupfer gemah-
nenden Variante an seinem Platz. Das Stachelnüßchen ‚Kupferteppich‘ hingegen wird durch die Sorte ‚Blue Haze‘, die im Sommer rostfarbene Blüten trägt, ersetzt. Anstelle des Segge wächst
der silberblaue Blauschwingel ‚Elijah Blue‘, die orange-blühende
Wolfsmilch ‚Fireglow‘ nimmt den Platz der Verbene ein.

Verbena bonariensis
Ihre Blüten ziehen
Schmetterlinge an

Miscanthus sinensis
‚Morning Light‘
Dieses Gras trägt im
Herbst flaumige, weiße
Samenbällchen

Carex comans
‚Bronze Form‘
Das rostfarbene Gras
wallt über den Rand des
Gefäßes hinaus

Acaena microphylla
‚Kupferteppich‘
Mit einer Schere zurückschneiden,
wenn die Pflanze zu sehr wuchert

Verwittertes
Kupfer
bekommt eine
grüne Patina

DIE PFLEGE DER GRUPPE

Die toten Stengel der Verbene machen im Winter einen nahezu architektonischen Eindruck. Zu Beginn des Frühjahrs schneiden Sie die Stengel am Boden ab. Die Blätter des Chinaschilfs verwelken im Herbst und bekommen eine schöne Biscuitfarbe. Erfreuen Sie sich daran und stutzen Sie sie erst im Frühjahr. Stachelnüßchen und Segge sind immergrüne Pflanzen.

SUKKULENTENTÜRME

Die fleischigen Sukkulenten sind komplex, nahezu architektonisch geformt. Das Arrangement besteht aus den scharfen Dornen der Hundertjährigen Aloe, den Rosetten der Echeverie, dem schokoladebraunen *Aeonium arboreum* ‚Zwartkop‘ sowie aus der geschweiften Fetthenne. Die Pflanzen kommen in nüchternen Gefäßen gut zur Geltung. Hier wurden ein Abfluß- und ein Kaminrohr aus dem Heimwerkermarkt verwendet. Ein Stück Treibholz verstärkt den skulpturalen Gesamteindruck.

SIE BENÖTIGEN DAZU

1 *Echeveria elegans* (Echeverie)
   × 3, S. 132
2 *Aeonium arboreum* ‚Zwartkop‘
   × 1, S. 128
3 *Sedum morganianum* (Fetthenne)
   × 1, S. 138
4 *Echeveria*-Hybride × 3, S. 132
5 *Agave americana* ‚Variegata‘
   (Hundertjährige Aloe) × 1, S. 128

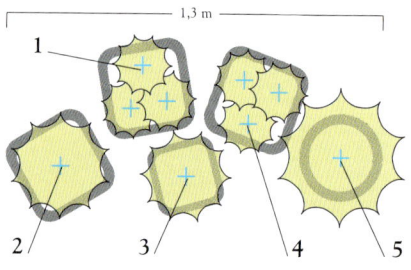

Aeonium arboreum ‚Zwartkop‘
Seine grünen Blätter werden in der Sonne braun

Echeveria elegans
Die Rosetten tragen im Sommer orange-rosafarbene Blüten

Die Stämme sollten nach dem Verblühen bis zum Ursprung zurückgeschnitten werden

DIE PFLEGE DER GRUPPE

Sukkulenten sind nicht winterfest.
Sie müssen vor den ersten Frostnächten in das Haus gebracht werden.
Kühle, sonnige Verhältnisse tun ihnen gut,
deshalb empfiehlt sich zur Überwinterung
ein sonniger Raum mit etwa 10–15° C, in dem
die Pflanzen direktes Sonnenlicht bekommen.

**Agave americana
,Variegata'**
*Die Pflanze vor-
sichtig handhaben,
denn ihre Stacheln
sind sehr scharf*

Echeveria-Hybride
*Die Mutterpflanze
produziert Ableger in
Form vieler Rosetten*

*Die Aloe in
sandige Erde mit
guter Drainage
setzen*

*Die Pflanze wird
mitsamt dem Topf
in das Kaminrohr
gestellt. So ist sie
einfach zu
transportieren*

**Sedum
morganianum**
*Die Schwänze wer-
den immer länger*

*Knorriges Treibholz
bildet einen starken
Kontrast zu den
nüchternen Gefäßen*

SCHATTIGE GESELLEN

Einer der großen Vorteile eines Topfgartens gegenüber der freien Erde ist, daß man Pflanzen, die verschiedene Böden benötigen, nebeneinander setzen kann. Der immergrüne Strauch der Kamelie ‚Alba Simplex‘ braucht kalklose, saure Erde, die Waldrebe hingegen liebt kalkhaltigen Boden. Hier wachsen sie gemeinsam in einem zweiteiligen Kasten, der beiden ideale Bedingungen bietet. Durch unterschiedliche Blüteperioden bleibt die Gruppe lange attraktiv.

SIE BENÖTIGEN DAZU

1 *Camellia japonica* ‚Alba Simplex‘ (Kamelie) × 1, S. 130
2 *Clematis campaniflora* (Waldrebe) × 1, S. 130
3 *Argyranthemum frutescens* (Strauchmargerite) × 3, S. 129
4 *Hosta undulata* var. *univittata* (Funkie) × 4, S. 134
5 *Blechnum spicant* (Rippenfarn) × 1, S. 130

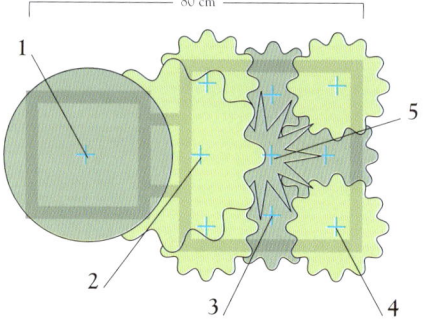

DIE PFLEGE DER GRUPPE

Der Schlüssel zur erfolgreichen Pflanzenhaltung ist der richtige Standort. Kamelien und Funkien gedeihen im Halbschatten, sollten aber nicht nach Osten ausgerichtet sein, da die Morgensonne die Früchte und Knospen der Kamelien zu schnell öffnet und braun werden läßt. Idealerweise sollten die Blätter der Waldrebe der Kamelie den nötigen Schatten bieten. Schneiden Sie im Spätwinter den Wuchs der vergangenen Saison bis zum untersten Knospenpaar zurück.

Camellia japonica **‚Alba Simplex‘**
Die Blätter ab und zu abstauben
(siehe S. 119)

Eine Kombination aus kalkloser Erde und Spezialdünger für säureliebende Pflanzen sorgt für leuchtend dunkelgrüne Blätter

---

VARIATION ÜBER EIN THEMA

***Anemone blanda* ‚Atrocaerulea‘ (Vorfrühlings- anemone)**

Stutzen Sie die Waldrebe im Spätwinter, um den Blüten der Kamelie im späten Frühjahr das Erblühen zu ermöglichen. Die blauen Blüten der Vorfrühlingsanemone, die den Farn umkreist, verschönert das Ensemble. Die Waldrebe erblüht von neuem, wenn die Kamelie verwelkt ist.

Clematis campaniflora
Zarte, blaugetönte, glockenförmige Blüten hängen von dünnen Zwillingsstengeln

Gesamt-ansicht

Der unterteilte Kasten ermöglicht es der Clematis, durch die Kamelie zu wachsen

Blechnum spicant
Ein immergrüner, schatten-liebender und winterfester Farn

Argyranthemum frutescens
Am besten blühen die Mar-geriten in der Sonne, sie wachsen aber auch im Schatten recht gut

Hosta undulata var. univittata
Schnecken lassen sich mit verschiedenen Mitteln fernhalten (siehe S. 77)

Der Kasten erhält einen Grünspaneffekt (siehe S. 106) und wird mit Klarlack versiegelt

Der Kasten ist mit gewöhnlichem Humus gefüllt

HEISSE FARBEN

Leuchtende, heiße Farben wie Scharlachrot, Orange und Gelb wirken an einem sonnigen Platz wunderbar tropisch, besonders vor einer weißen Wand. Hier bilden die Blüten der Schönmalve ‚Orangeade‘, der Schönranke und der Montbretie eine beeindruckende Kombination. Gegensätze schaffen ihre Blätter. Die Stengel des *Phygelius capensis* und des Zweizahns bilden eine runde Silhouette. Die Blüten der Gartenstrohblume komplettieren das Arrangement.

SIE BENÖTIGEN DAZU

1 *Phygelius capensis* ‚Indian Chief‘ × 1, S. 137
2 *Bidens ferulifolia* (Zweizahn) × 3, S. 130
3 *Bracteantha bracteata* ‚Bright Bikini‘ (Gartenstrohblume) × 3, S. 130
4 *Abutilon* ‚Orangeade‘ (Schönmalve) × 1, S. 128
5 *Eccremocarpus scaber* (Schönranke) × 1, S. 132
6 *Crocosmia* ‚Lucifer‘ (Montbretie) × 5, S. 131

DIE PFLEGE DER GRUPPE

Eine Gruppe für frostfreies Klima, auch wenn die Gartenstrohblume und der *Phygelius capensis* leichten Frost vertragen. Entfernen Sie den alten Wuchs der Schönmalve zu Frühjahrsbeginn. Im Sommer schneiden Sie die struppigen Stengel des Zweizahns zu einer schönen, buschigen Form zurecht.

Phygelius capensis ‚Indian Chief‘
Korallenrote, trompetenförmige Blüten im Sommer

Bidens ferulifolia
Liebliche Blüten wachsen an hängenden Stengeln

1,1 m

Spalier

Handgemachte Terrakottaplatten unterstützen die Wirkung

**Crocosmia
‚Lucifer‘**
*Sie blüht zur
Mitte des
Sommers*

Eccremocarpus scaber
*Die Triebe winden sich
ohne Hilfsmittel um das
Spalier*

*Die Schönranke
läßt sich aus
Samen ziehen
(siehe S. 123)*

**Bracteantha
bracteata
‚Bright Bikini‘**
*Abgeschnittene
Blumen können
getrocknet
werden*

**Abutilon
‚Orangeade‘**
*Das Stutzen der
alten Stengel im
Frühjahr fördert
den Nachwuchs*

*Glacierte Töpfe in warmen
Ockerfarben heben die
leuchtenden Farben des
Arrangements hervor*

JAPANISCHER STIL

Die schlichte Eleganz dieser Pflanzengruppe in japanischem Stil paßt hervorragend in eine moderne, urbane Umgebung. Verzinkte Mülleimer verstärken diesen Effekt. Die im Winter nackten Zweige der Korkenzieherhasel ahnen den Stil des Ikebana nach. Hier bedeckt das moosartige Bubiköpfchen den Boden. Die bodendeckende Kleine Schneeflocke schafft eine horizontale Ausrichtung, die spitze *Hakonechloa macra* eine vertikale.

SIE BENÖTIGEN DAZU

1 *Bacopa* ‚Snowflake' (Kleine Schneeflocke) × 1, S. 129
2 *Hakonechloa macra* ‚Aureola' × 1, S. 133
3 *Corylus avellana* ‚Contorta' (Korkenzieherhasel) × 1, S. 131
4 *Soleirolia soleirolii* (Bubiköpfchen) × 4, S. 138

DIE PFLEGE DER GRUPPE

Im Winter und Frühjahr ist die Korkenzieherhasel am attraktivsten. Sie trägt dann keine Blätter, sondern blaßgoldene Weidenkätzchen hängen von den Zweigen. Weil die gebogenen Äste den Reiz dieser Pflanze ausmachen, sollten Sie nur krankes oder abgestorbenes Holz mit einer scharfen Schere abschneiden. Schneiden Sie im Frühjahr, wenn die neuen Triebe sprießen, die braunen Winterblätter der *Hakonechloa* zurück. Die Kleine Schneeflocke benötigt einen frostfreien Platz. Strenger Frost greift die Spitzen des Bubiköpfchens an, aber im Frühjahr wird ein neuer grüner Teppich entstehen.

Bacopa ‚Snowflake'
Sie breitet sich schnell zu einem Teppich aus grünen Blättern und weißen Blüten aus

Hakonechloa macra ‚Aureola'
Die goldenen Pflanzen werden im Herbst, wenn sie verwelken, kupferbraun

Durch Wind und Wetter verblassen die Mülleimer

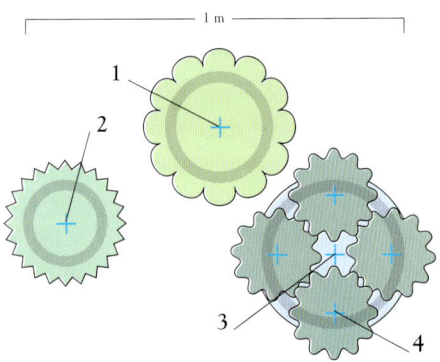

Steine geben dem japanischen Stil den letzten Schliff

**Corylus avellana -
,Contorta'**
*Die Korkenzieherhasel
trägt zu Frühlingsbeginn
lange, helle Weiden-
kätzchen*

*Die gedrehten
Zweige verleihen
dem Arrange-
ment einen
skulpturalen
Charakter*

Soleirolia soleirolii
*Diese schnellwach-
sende Pflanze füllt
alle Lücken*

*Bubiköpfchen
kann durch
Teilung vermehrt
werden (S. 123)*

ALTERNATIVES ARRANGEMENT

*Pleioblastus
auricomus*

*Acer palmatum
var. dissectum*

*Juniperus
procumbens
,Nana'*

Die jeweilige geometrische Wirkung der Pflanzen ist ein
wichtiger Aspekt bei der Planung. *Pleioblastus auricomus*
(Bambus) sorgt für die senkrechten Linien, *Acer palmatum var. dissectum* (Japanischer Ahorn) und *Juniperus
procumbens ,Nana'* (Wacholder) verstärken die horizontale Perspektive. Die unterschiedlichen Strukturen der
Blätter verstärken diesen Effekt.

SONNE IM SCHATTEN

Blätter können ebenso farbenfroh sein wie Blüten, und da sie im Winter nicht abfallen, bieten sie sich als ganzjähriger Blickfang an. Das Herz dieses einladenden goldenen Arrangements für einen schattigen Platz bilden die immergrüne stachelige Mahonie und ein Buntlaubiges Pfaffenhütchen. Elfenblume und Pfennigkraut werden wegen ihrer schönen Blätter verwendet, die Tabakpflanze wegen ihrer duftenden Blüten.

SIE BENÖTIGEN DAZU

1 *Mahonia japonica* (Mahonie)
  × 1, S. 135
2 *Epimedium × versicolor* ‚Sulphureum‘
  (Elfenblume) × 4, S. 132
3 *Lysimachia nummularia* ‚Aurea‘
  (Pfennigkraut) × 4, S. 135
4 *Euonymus fortunei* ‚Emerald ’n‘ Gold‘
  (Buntlaubiges Pfaffenhütchen)
  × 1, S. 132
5 *Nicotiana* ‚Lime Green‘ (Tabak)
  × 4, S. 136

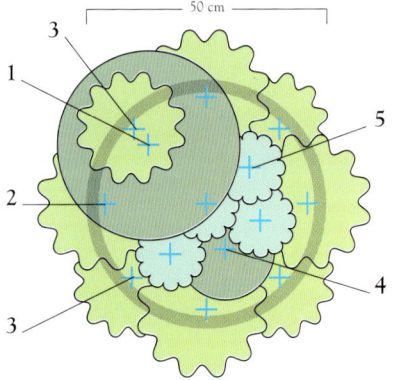

Mahonia japonica
Die Mahonie wächst langsam, wenn ihre Wurzeln wenig Platz haben. Ist sie zu groß geworden, kann sie durch ein kleineres Exemplar ersetzt werden

Euonymus fortunei ‚Emerald ’n‘ Gold‘
Den niedrigwachsenden Strauch etwas stutzen, damit er seine Form beibehält

Lysimachia nummularia ‚Aurea‘
Die hängenden Stengel tragen im Sommer gelbe, butterblumenähnliche Blüten

Die Mahonie trägt im Frühjahr purpurfarbene Beeren

Nicotiana ‚Lime Green‘
Ihre Blüten duften in der Nacht herrlich

VARIATION ÜBER EIN THEMA

Choisya ternata ‚Sundance‘

Mahonia japonica

Lobelia pendula

Hedera helix ‚Pittsburgh‘

Vinca minor ‚Variegata‘

Eine Mahonie eignet sich hervorragend für einen schattigen Platz. In diesem Arrangement ist die Mahonie mit einer goldblättrigen Mexiko-Orange ‚Sundance‘, einem dunkelgrünen Efeu, den blauen Blüten des Kleinen Immergrün ‚Variegata‘ und einer Auswahl von *Lobelia pendula*-Sorten (Männertreu) kombiniert.

Epimedium × *versicolor* ‚Sulphureum‘
Die herzförmigen Blätter sind im Frühjahr purpurrot gesprenkelt

Die verzinkte Wanne ist mit blauer Emailfarbe bemalt, um den Effekt der goldenen Pflanzen zu verstärken

DIE PFLEGE DER GRUPPE

Die Mahonie hat nicht nur attraktive Blätter, sondern trägt vom Spätherbst bis zum Frühjahr duftende gelbe Blüten, die dann mit allen welken Blättern entfernt werden sollten. Die alten Blätter der Elfenblume und des Pfaffenhütchens im Frühjahr schneiden, um den Nachwuchs zu fördern. Pfennigkraut zieht sich im Winter zurück, Tabak alljährlich frisch setzen. Im Spätwinter und Frühjahr machen sich Knollenpflanzen wie *Erythronium* ‚Pagoda‘ (Hundskopf) mit seinen hellgelben, glockenförmigen Blüten sehr gut.

BALKONPFLANZEN

Dieses Arrangement muß beidseitig – vom Balkon wie von der Straße aus – hübsch anzusehen sein. Der Efeu hängt wie ein Farbvorhang von der Fassade herab. Die Blüten der auf die Geländerstäbe kletternden Waldrebe duften mandelartig. Im Zentrum der Gruppe stehen, mit aprikosen- und pfirsichfarbenen Blüten, sommerlich warme Farbtöne.

SIE BENÖTIGEN DAZU

1 *Clematis flammula* (Waldrebe) × 1, S. 130
2 *Hedera helix* ‚Golden Ingot' (Efeu) × 4, S. 133
3 *Salvia coccinea* ‚Coral Nymp' (Salbei) × 6, S. 138
4 *Helichrysum petiolare* ‚Aureum' (Eisenkraut) × 3, S. 133
5 *Verbena* ‚Peaches and Cream' (Verbene) × 6, S. 139
6 *Rosa* ‚Sweet Magic' (Rose) × 1, S. 138
7 *Diascia* ‚Blackthorn Apricot' (Diascie) × 4, S. 131

Ansicht vom Straßenniveau

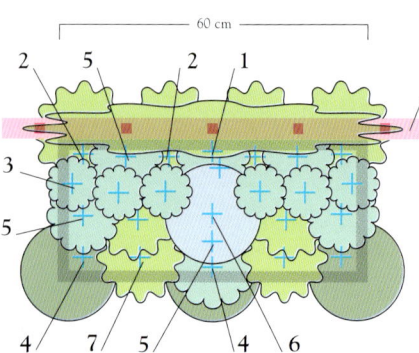

Hedera helix ‚Golden Ingot'
Der immergrüne Efeu ist für exponierte, windige Plätze gut geeignet

Diascia ‚Blackthorn Apricot'
Gebündelte zarte Blüten sprießen den ganzen Sommer hindurch

Helichrysum petiolare ‚Aureum'
Ihre hängenden Blätter machen sich gut an der Vorderseite eines Kastens

60 cm

Handlauf

DIE PFLEGE DER GRUPPE

Halten Sie dieses Arrangement durch regelmäßiges Zurückschneiden in Form. Um den Blütennachwuchs zu fördern, entfernen Sie die welken Blüten der Diascie und Verbene, und schneiden Sie die Stämme welker Rosen bis zum nächsten nach außen weisenden Blatt zurück. Das goldene Eisenkraut während der Wachstumsperiode zuschneiden. Einfärbig grüne Efeublätter sollten entfernt werden.

Clematis flammula
Abgestorbene Triebe sollten im Spätwinter bis auf Bodenniveau zurückgeschnitten werden

Salvia coccinea ‚Coral Nymph'
Den Blumenspitzen entwachsen im Sommer garnelenförmige Blüten

Rosa ‚Sweet Magic'
Diese robuste, niedrigwachsende Rose wird von zarten Pflanzen umrahmt

Die Rose wird maximal 45 cm hoch

Verbena ‚Peaches and Cream'
Ihre Blätter sind für Mehltau anfällig, wenn sie nicht gut befeuchtet sind

Die Behandlung mit klarem Bootslack macht den Kasten wetterfest und hebt die Holzmaserung hervor

FENSTER-SIMSE

BLÜTENREICHTUM
Die lebhaften Farben und das üppige
Wachstums dieser Pelargonien wurden
geschickt für einen eindrucksvollen
Blickfang vor dem Fenster genützt.

Beinahe alle Pflanzen, von Sträuchern und Kletter-pflanzen über Kräuter bis hin zu Kakteen, finden auf einem Fenstersims Platz, wenn sie ausreichend mit Wasser und Nährstoffen versorgt werden. Hübsch be-pflanzte Fensterkästen beleben die Fassade für die Pass-anten und verschönern den Blick aus dem Fenster mit lebendigen und freundlichen Farben. Eine harmonische Kombination aus Pflanzen und Gefäßen verstärkt den Gesamteindruck Ihres Fensterarrangements.

BESTECHENDE EINFACHHEIT
Eine einfache, zurückhaltende Gruppe aus
Pelargonien, Petunien und Männertreu wird
in diesem verwitterten, ornamentalen
Terrakotta-Fensterkasten perfekt präsentiert.

GOLD & BLAU

Die Kombination aus Blau und Gold bietet einen frischen und doch warmen Anblick. Die goldenen Blätter der Strohblume, des gesprenkelten Salbeis und des zarten Kapasters wirken durch matte Oberflächen und blasse Töne beruhigend auf den Betrachter. Der Salbei ‚Blue Victory‘, das Blaue Gänseblümchen und die Blüten des Kapasters heben sich von diesem Hintergrund ab, passend zu den blauen Kacheln des Kastens.

Brachycome multifida
Durch Zurückschneiden bleibt die buschige Gestalt erhalten

SIE BENÖTIGEN DAZU

1 *Salvia farinacea* ‚Blue Victory‘ (Salbei) × 6, S. 138
2 *Euonymus fortunei* ‚Emerald ’n’ Gold‘ (Buntlaubiges Pfaffenhütchen) × 2, S. 132
3 *Felicia amelloides* ‚Variegata‘ (Kapaster) × 2, S. 132
4 *Salvia officinalis* ‚Icterina‘ (Salbei) × 2, S. 138
5 *Helichrysum petiolare* ‚Aureum‘ (Eisenkraut) × 1, S. 133
6 *Brachycome multifida* (Blaues Gänseblümchen) × 2, S. 130

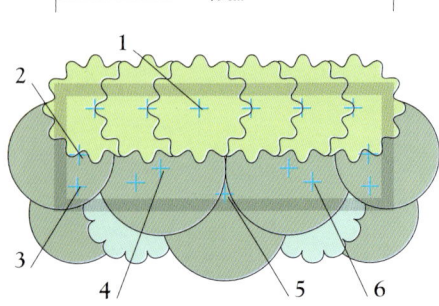

70 cm

Salvia officinalis ‚Icterina'
Die Salbeiblätter können in der Küche verwendet werden

Salvia farinacea ‚Blue Victory'
Die langen Blumenspitzen blühen von Sommer bis Herbst

VARIATION ÜBER EIN THEMA

Primula ‚Pacific'

Tulipa ‚Showwinner'

Lebendiges Scharlachrot ergibt in Verbindung mit den goldenen Blättern der Hauptgruppe ein beeindruckendes Frühjahrsarrangement. Setzen Sie im Herbst die Knollen der Zwergtulpe ‚Showwinner' sowie rotblühende Primeln.

Euonymus fortunei ‚Emerald 'n' Gold'
Die gesprenkelten Blätter behalten den ganzen Winter ihr sattes Grün

Felicia amelloides ‚Variegata'
Der gelbe Blütenstaub des Kapasters paßt zu dem goldenen Arrangement

Ein hölzerner Fensterkasten wurde verfliest (siehe S. 107)

Helichrysum petiolare ‚Aureum'
Große, samtene Blätter hängen über den Rand

DIE PFLEGE DER GRUPPE

Die Basis dieses Arrangements kann den Winter hindurch bleiben, denn das Pfaffenhütchen ist immergrün, Salbei und Strohblumen überleben an einem frostfreien Platz. Die blütentragenden Pflanzen – Kapaster, Gänseblümchen und den Salbei ‚Blue Victory' – ersetzen Sie im Winter durch blaue Stiefmütterchen oder Primeln.

WARMES ROSA & WEINROT

Mehrmalig blühende Zwergrosen sind ideale Containerpflanzen, denn sie stehen von der Mitte des Sommers bis zu den ersten Frösten in voller Pracht. Hier ergibt sich aus der edlen und zarten Rose ‚Queen Mother‘ und Pflanzen in ähnlichen Farbtönen ein harmonisches Bild. Die jungen Blätter des weinroten Zwergstrauchs der Thunbergs Berberitze sind ähnlich rosafarben schattiert, auch die einjährig blühende Verbene ‚Pink Kleopatra‘ und das Fleißige Lieschen erblühen in ebendiesen warmen Farbtönen.

SIE BENÖTIGEN DAZU

1 *Rosa* ‚Queen Mother‘ (Rose)
   × 2, S. 138
2 *Impatiens* Neu-Guinea-Hybriden
   (Fleißiges Lieschen) × 5, S. 134
3 *Verbena* ‚Pink Kleopatra‘ (Verbene)
   × 4, S. 139
4 *Berberis thunbergii* ‚Rose Glow‘
   (Thunbergs Berberitze) × 1, S. 130

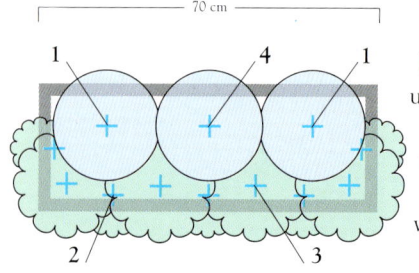

Berberis thunbergii ‚Rose Glow‘
Die kleinen gelben Berberitzenblüten sollten Sie im Frühjahr auszupfen, um das Farbkonzept nicht zu stören

Verbena ‚Pink Kleopatra‘
Bündel zarter Blüten werden von langen, hängenden Stengeln getragen

Impatiens New Guinea Hybrid
Fleißige Lieschen lieben Halbschatten und wachsen deshalb gut neben Sträuchern

DIE PFLEGE DER GRUPPE

Schneiden Sie die Berberitze im Winter kräftig zurück, um die neuen Triebe im Frühjahr zu fördern. Bei den Fleißigen Lieschen, Verbenen und Rosen regelmäßig die welken Blätter und Blüten entfernen. Wenn es für die Wurzeln der Sträucher allzu eng wird, ersetzen Sie die Pflanzen durch jüngere Exemplare.

Rosa ‚Queen Mother'
Die Rose nach dem Zurückschneiden im Sommer und danach alle zwei Wochen düngen

Die wunderschönen Blüten der ‚Queen Mother' duften mild

Ein 23 cm tiefer Kasten bietet den Wurzeln der Rosen und Berberitzen ausreichend Humus

Ein gebeizter Kasten (siehe S. 105) bietet der hängenden Verbene einen perfekten Hintergrund

ZWILLINGSSPITZEN

Der Formschnitt ist ein starkes gestalterisches Ausdrucksmittel und bringt einen formellen Touch in ein Ensemble. Das Zurechtschneiden braucht Zeit und Können, der an ein schmales Metallgerüst gebundene Efeu ist hingegen schnell in die gewünschte Form gebracht. Pfennigkraut ist eine ideale Pflanze für den Halbschatten. Etwas Sonne trocknet die Blätter noch nicht aus und färbt sie golden. Der Zweizahn überzeugt durch eine Mischung aus strahlend grünen Blättern und gelben Blüten.

SIE BENÖTIGEN DAZU

1 *Hedera helix ,Goldherz' (Efeu)* × 2, S. 133
2 *Bidens ferulifolia (Zweizahn)* × 3, S. 130
3 *Lysimachia nummularia ,Aurea' (Pfennigkraut)* × 3, S. 135

Hedera helix ,Goldheart'
Efeu klettert schnell, wenn er einmal gewurzelt hat

Bidens ferulifolia
Gelbe, dem Gänseblümchen ähnliche Blüten wachsen an langen Stengeln

Lysimachia nummularia ,Aurea,
Ihre goldenen Blätter winden sich gerne um andere Pflanzen herum

Ein Metallrahmen wird an der Rückseite des Kastens angebracht

70 cm

DIE PFLEGE DER GRUPPE

Durch häufiges Zurechtstutzen bleibt dieses Sommerarrangement in Form. Sobald sich der Efeu seinen Weg um den Rahmen gebahnt hat, schneiden Sie ihn leicht zurück, um den Wuchs zu fördern (siehe S. 121). Der Zweizahn wird bis zu 60 cm lang, deshalb seine Stengel regelmäßig schneiden. Das Pfennigkraut produziert durch regelmäßiges Kürzen mehr seiner jungen, schönen Blätter.

Den Zweizahn, der den Winter nicht übersteht, kann durch goldene Stiefmütterchen ersetzt werden

KÖNIGLICHES PURPUR

Sattes, königliches Purpur war die Inspiration für dieses sommerliche Arrangement, es bestimmte die Auswahl der Pflanzen und die Dekoration des Fensterkastens. Die Blüten der Verbene und die Blätter des dekorativen Kriechklees sind ähnlich schattiert. Wollziest und die weißblühende, hängende Kleine Schneeflocke sowie die aufrecht wachsende graugrüne Schwarznessel bilden einen weichen Kontrast.

SIE BENÖTIGEN DAZU

1 *Trifolium repens* ,Purpurascens'
   (Kriechklee) × 3, S. 138
2 *Verbena* ,Imagination' (Verbene)
   × 4, S. 139
3 *Stachys lanata* (Wollziest)
   × 1, S. 138
4 *Bacopa* ,Snowflake'
   (Kleine Schneeflocke) × 2, S. 129
5 *Ballota pseudodictamnus*
   (Schwarznessel) × 2, S. 129

DIE PFLEGE DER GRUPPE

Dieses Arrangement braucht kaum mehr Pflege als regelmäßiges Gießen, Schneiden und Düngen. Die Blüten von Wollziest und Kleiner Schneeflocke passen nicht zum Rest der Gruppe. Entfernen Sie die Knospen, wenn sich die Blüten auszubilden beginnen, denn dann wird die Pflanze ihre ganze Kraft für frische Blätter verwenden.

Verbena ,Imagination'
Diese mehrjährig blühende Pflanze trägt im Sommer Blütenbündel

Stachys lanata
Ihre silbrigen Blätter lenken die Blicke auf das Zentrum

70 cm

VARIATION ÜBER EIN THEMA

Osteospermum 'Buttermilk'

Goldene Farben schaffen einen wahrhaft königlichen Anblick. Ersetzen Sie den Wollziest durch Eisenkraut, die Schwarznessel durch Osteospermum 'Buttermilk'. Deren goldene Blütenrücken kann man in der Nacht sehen.

Helichrysum petiolare 'Aureum' (Eisenkraut)

Ballota pseudodictamnus
Jedes Frühjahr sollten ein oder zwei Stengel entfernt werden, um den Nachwuchs zu fördern

Trifolium repens 'Purpurascens'
Der purpurblätterne Weißklee produziert im Sommer sehr viele kugelförmige Blüten

Bacopa 'Snowflake'
Ihre zarten Blüten heben sich vom Purpur des Fensterkastens ab

Ein aufgeklebter Holzwulst schafft einen Täfelungseffekt

EINE KISTE WÜSTE

Eine Miniaturlandschaft in einem Fensterkasten zu kreieren macht großen Spaß. Die stacheligen Formen der Kakteen und anderer Sukkulenten erinnern an die trockenen Ebenen von New Mexiko. Den klassischen Kaktusformen der *Opuntia* und *Pachycereus* stehen die Rundungen der *Rebutia* und *Parodia* gegenüber. Die Aloenblätter sorgen für geometrische Formen. Kies auf der Oberfläche verstärkt den Wüsteneindruck und ist nützlich, weil er die Drainage verbessert und zudem die Verdunstung verringert.

SIE BENÖTIGEN DAZU

1 *Pachycereus schottii*
   × 1, S. 136
2 *Aloe variegata* (Aloe) × 2, S. 129
3 *Rebutia marsoneri* × 1, S. 137
4 *Opuntia lindheimeri* (Feigenkaktus)
   × 1, S.136
5 *Parodia graessneri* × 1, S. 136

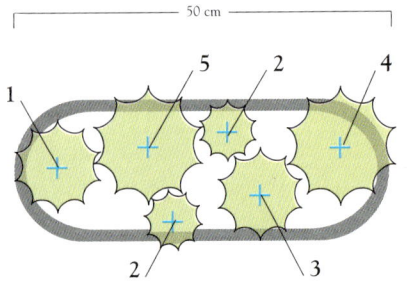

Pachycereus schottii
Die Größe des Gefäßes begrenzt den Wuchs dieser eigentlich sehr großen Pflanze

Pachycereus hat mehrere Stämme

Eine Lage Kies an der Oberfläche ist schön und verhindert Algenwuchs

DIE PFLEGE DER GRUPPE

Um gute Drainage zu gewährleisten, sollten Sie zu drei Teilen Erde oder Kompost einen Teil Sand mischen. Im Sommer nur gießen, wenn der Topf ausgetrocknet ist. Bei kühlem Wetter selten bis gar nicht gießen. Kakteen könne nur bis mindestens 13° C überleben, deshalb sollten sie die Gruppe vor dem ersten Frost ins Haus bringen und an ein helles Fenster stellen. Wenn im Frühjahr die frischen Triebe sprießen, geben Sie etwas Langzeitdünger dazu.

Opuntia lindheimeri
Die flachen Scheiben wachsen schnell aus dem Hauptstamm

An den Kanten wachsen im Frühjahr orangefarbene und rote Blüten

Aloe variegata
Im Frühjahr wachsen Stengel mit rosafarbenen und roten Blüten

Parodia graessneri
Dünne, spitze Nadeln überziehen die Oberfläche

Rebutia marsoneri
Die gelben Blüten öffnen sich bei Tag und schließen sich in der Nacht

Mit farblosem Flüssigkleber wurden Sandmuster auf dem Terrakotta angebracht

SCHIMMERNDES SILBER & ROT

Leuchtendes Scharlachrot ist eine so auffallende und dominante Farbe, daß sie von Gärtnern oft gemieden wird. Hier wurde diese Farbe verwendet, um zusammen mit silbernen Blättern und einem verzinkten Gefäß ein modernes Ensemble zu schaffen. Nur die Petunie hat grüne Blätter, das Blattwerk der anderen blühenden Pflanzen – des Hornklees mit flammenartigen Blüten und des rotblühenden Kalifornischen Mohns – zeigt einen Hauch von Blau und Silber. Die Blätter der Silberfeder erinnern an kunstvolle Filigranarbeit.

SIE BENÖTIGEN DAZU

1 *Petunia multiflora* ‚Carpet‘ (Petunie) × 2, S. 137
2 *Lotus berthelotii* (Hornklee) × 3, S. 135
3 *Eschscholzia californica* ‚Dali‘ (Kalifornischer Mohn) × 4, S. 132
4 *Pyrethrum ptarmiciflorum* ‚Silberfeder‘ (Silberfeder) × 3, S.137

DIE PFLEGE DER GRUPPE

Diese Gruppe gedeiht an der prallen Sonne. Petunien sind regenempfindlich und sollten deshalb an einem geschützten Platz stehen. Die Petunien und den Mohn von welken Blüten säubern, auch die Blütenknospen der Silberfeder entfernen, um den Blattnachwuchs zu fördern.

Petunia multiflora ‚Carpet‘
Während der Blütezeit alle zwei Wochen Flüssigdünger hinzugeben

Eschscholzia californica ‚Dali‘
Diese einjährige Pflanze läßt sich im späten Frühjahr in einem Fensterkasten aus Samen ziehen

53 cm

1
2
3
4

**Pyrethrum ptarmiciflorum
‚Silver Feather'**
*Diese Blätter können durch sehr
starken Regen beschädigt werden*

*Diese Sorte des
kalifornischen
Mohnes hat
häufig ein gelbes
Auge in der
Blütenmitte*

*Ein verzinkter
Metallkasten kann
nicht rosten*

Lotus berthelotii
*In kühlen Sommern trägt er
keine Blüten, aber auch seine
Blätter sind wunderschön*

AROMATISCHE KRÄUTER

Mit frischen Kräutern zu kochen ist herrlich. Sie gedeihen an einem Fensterbrett, Blätter und Blüten sind hübsch anzusehen, zudem duften sie gut. Ein eigener Topf gibt jeder Pflanze die besten Bedingungen. Mediterrane Kräuter wie Rosmarin und Basilikum bevorzugen wasserdurchlässigen Boden und Sonne, während Minze und Petersilie feuchte Erde und Schatten lieben.

SIE BENÖTIGEN DAZU

1 *Allium schoenoprasum* (Schnittlauch) × 1, S. 129
2 *Rosmarinus officinalis* ‚Severn Sea‘ (Rosmarin) × 1, S. 138
3 *Salvia officinalis* ‚Purpurascens‘ (Salbei) × 1, S. 138
4 *Ocimum basilicum* (Basilikum) × 1, S. 136
5 *Origanum vulgare* ‚Aureum‘ (Oregano) × 1, S. 136
6 *Mentha suaveolens* ‚Variegata‘ (Apfelminze) × 1, S. 135
7 *Petroselinum crispum* var. *neapolitanum* (glattblättrige Petersilie) × 1, S. 136

85 cm

DIE PFLGE DER GRUPPE

Rosmarin und Salbei sind immergrüne Pflanzen und überstehen alles außer strengem Frost. Lassen Sie Oregano, Schnittlauch und die Minze auf dem Fensterbrett stehen, sie werden absterben und wieder sprießen. Ersetzen Sie Basilikum und Petersilie im späten Frühjahr, oder stellen Sie sie im Winter an einen sonnigen Platz.

Allium schoenoprasum
Die hohlen Schnittlauchstengel sind sehr wohlschmeckend

Rosmarinus officinalis ‚Severn Sea‘
Seine Frühlingsblüten eignen sich für Salate

Salvia officinalis ‚Purpurascens‘
Salbei pflanzt sich aus Setzlingen fort, die im Spätherbst geschnitten werden

Ocimum basilicum
Basilikum erst ins Freie stellen, nachdem die Frostgefahr vorbei ist

EIN PRAKTISCHER VORSCHLAG

Manche Kräuter lassen sich durch Trocknen konservieren. An einem trockenen Sommermorgen pflücken, bündeln und mit den Blättern nach unten an einem warmen, trockenen und schattigen Platz aufhängen. Andere Kräuter sind eingefroren besser haltbar.

Salbei

Rosmarin

Minze

Petersilie

Majoran

Petroselinum crispum var. neapolitanum
Die meist einjährig gezogene Glattblättrige Petersilie schmeckt besser als die gekräuselten Sorten

Mentha suaveolens ‚Variegata'
Um den Blattnachwuchs der Minze zu fördern, sollten die Blütenknospen sofort entfernt werden

Minzewurzeln breiten sich sehr stark aus, daher am besten von anderen Pflanzen isoliert setzen

Kräuter während der Wachstumsperiode alle zwei Wochen einmal flüssig düngen

Die Terrakottatöpfe wurden mit einer Schicht wasserlöslicher Farbe verschönert

Origanum vulgare ‚Aureum'
Oregano braucht etwas Schatten, um nicht auszudörren

SATTES PURPUR & SILBER

Schmuckgräser werden als Gartenpflanzen immer beliebter, auch in Töpfen sehen sie hübsch aus. Ihre Spitzen sorgen für Höhe, Bewegung und Luftigkeit in einem Arrangement. Die hochaufragenden silbergrauen Blätter des Blaustrahlhafers sorgen für einen starken Kontrast zu den runden, filzartigen Blättern des Eisenkrautes. Weiße Petunienblüten bringen Eleganz in die Gruppe, purpurfarbene hingegen sorgen für Spannung.

SIE BENÖTIGEN DAZU

1 *Helictotrichon sempervirens* (Blaustrahlhafer) × 1, S. 133
2 *Convolvulus cneorum* (Winde) × 2, S. 131
3 *Helichrysum petiolare* ‚Microphyllus‘ (Eisenkraut) × 2, S. 133
4 *Petunia* ‚Surfinia White Vein‘ (Petunie) × 4, S. 137
5 *Petunia* ‚Surfinia Purple‘ (Petunie) × 4, S. 137

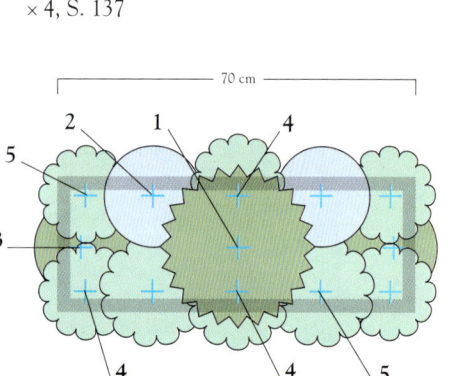

DIE PFLEGE DER GRUPPE

Petunien sorgen für lebendige Farben. Zu lange Stengel und welke Blätter in und um den Kasten herum regelmäßig wegschneiden, damit mehr Blüten wachsen. Im Spätsommer das Eisenkraut zurückschneiden, um den silberfarbenen Nachwuchs zu fördern.

Convolvulus cneorum
*Die weißen, trompeten-
förmigen Blüten schließen
sich am Abend*

*Helichrysum
petiolare
‚Microphyllus‘
Diesen Strauch
an einem frost-
geschützten Platz
überwintern*

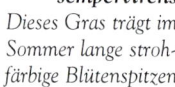

*Helictotrichon
sempervirens*
*Dieses Gras trägt im
Sommer lange stroh-
färbige Blütenspitzen*

Abgestorbene Blütenspitzen
können im Winter stehen
gelassen und im Frühjahr
zurückgeschnitten werden

Der buschige, silber-
farbene Convolvulus
ist eine immergrüne
Pflanze

ALTERNATIVES ARRANGEMENT

Ein mit Silberfarbe besprenkelter Fensterkasten, mit
nur einer Sorte – einer hängenden Petunie etwa –
bepflanzt, wirkt beeindruckend und ist sehr modern.
Hier wuchert die überreich blühende, kräftig gefärbte
Petunie ‚Purple Wave' über ihren Behälter hinaus.

**Petunia ‚Surfinia
White Vein'**
*Ihre grauen Trichter gehen in
weiße Blütenblätter über*

Petunia ‚Surfinia Purple'
*Ihre beeindruckenden
purpurfarbenen Blüten haben
in der Mitte ein dunkles Auge*

BLÄTTERKONTRASTE

Schatten gilt als ein für Pflanzen schlecht geeigneter Ort. Tatsächlich brauchen leuchtende, großblütige Pflanzen viel Sonne, im Schatten jedoch gedeiht großartiges Blätterwerk. In diesem Sommerarrangement stehen die ovalen Blätter der Funkie den sich kräuselnden Blättern zweier Farne – Hirschzungen- und Schildfarn – gegenüber. Die schattenliebende Gauklerblume wird ihrer gelben Blüten wegen verwendet.

SIE BENÖTIGEN DAZU

1 *Mimulus luteus* (Gauklerblume)
   × 5, S. 135
2 *Hosta ventricosa* var. *aureomaculata*
   (Funkie) × 2, S. 134
3 *Polystichum setiferum* ‚Divisilobum‘
   (Schildfarn) × 1, S. 137
4 *Phyllitis scolopendrium* ‚Cristatum‘
   (Hirschzungenfarn) × 2, S. 137

Mimulus luteus
Eine der wenigen gelbblühenden Pflanzen, die im Schatten gedeihen

Phyllitis scolopendrium ‚Cristatum‘
Seine immergrünen Wedel sind am Rand gekräuselt

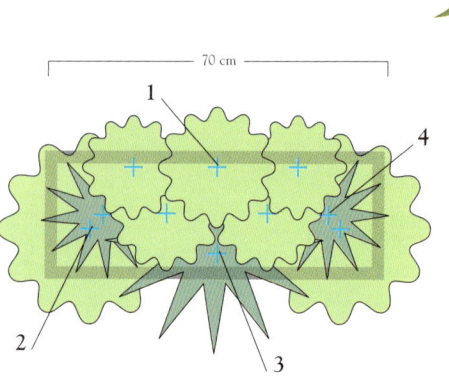

70 cm

Wenn man die Spitzen der gelben Gaukler-blume zwischen den Fingern zerquetscht, hält man ihre Höhe unter Kontrolle

ALTERNATIVES ARRANGEMENT

Lonicera nitida ,Baggesen's Gold'

Euonymus fortunei ,Emerald Gaiety'

Hedera helix ,Goldherz'

Mimulus luteus

Für eine formierte Halbschattengruppe müssen Sie das Pfaffen-hütchen ,Emerald Gaiety' und zwei Heckenkirschen ,Baggesen's Gold' kugelförmig schneiden. Ziehen Sie einen Strang des Efeus ,Goldherz' an einem Draht an der Vorderseite des Ka-stens vorbei. Die Gauklerblume sorgt für Sommerfarbe.

Polystichum setiferum ,Divisilobum'
Die immergrünen, federartigen Blätter runden die Ecken des Kastens ab

Hosta ventricosa var. aureomaculata
Die Funkien tragen im Sommer purpurfarbene, glockenförmige Blüten

Die herzförmigen, grünen Blätter der Funkien sind cremefarben umrandet

Der grün-goldene Reißlack (S. 107) ist dem Farbschema der Pflanzen angeglichen

DIE PFLEGE DER GRUPPE

Funkien und Farne wachsen am besten in einer Erde mit organischem Feuchtigkeits-speicher. Schnecken bekämpfen Sie mit flüssigem Schneckengift, oder bestreichen Sie den Rand des Gefäßes mit Petroleum. Im Frühjahr einige der alten Wedel zurück-schneiden, um den Nachwuchs zu fördern.

PREISWERTER BLAUER KASTEN

Dieses Arrangement ist ein Blickfang und zugleich sehr preisgünstig. Ein Plastikkasten ist angefüllt mit einjährigen Pflanzen, die überall zu bekommen sind oder direkt aus Samen gezogen werden können. Blautöne werden mit hellen und dunklen Lobelien, dem zarten Kapaster und der auffälligen Ochsenzunge kombiniert. Zur Abrundung wurde der einfache Kasten mit blauem Lack über einer Acrylgrundierung, die das Abblättern der Farbe verhindert, gestrichen.

SIE BENÖTIGEN DAZU

1. *Lobelia erinus compacta* ,Crystal Palace' (Männertreu) × 4, S. 135
2. *Lobelia pendula* ,Lilac Cascade' × 4, (Männertreu) S. 135
3. *Lobelia erinus* ,Sapphire' (Männertreu) × 1, S. 135
4. *Anchusa capensis* ,Blue Angel' (Ochsenzunge) × 2, S. 129
5. *Felicia bergeriana* (Kapaster) × 2, S. 133

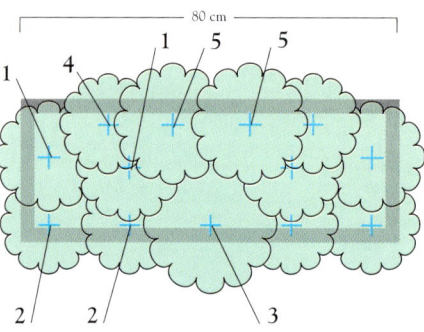

DIE PFLEGE DER GRUPPE

Eine Verbindung von einjährigen Pflanzen ist sehr wirkungsvoll, wenn sie ordentlich gegossen, gedüngt und zurückgeschnitten werden (siehe S. 121). Besonders die Lobelien blühen monatelang. Stutzen Sie ihre Halme, ebenso die Blüten der Kapaster. Führen Sie den Pflanzen alle zwei Wochen Flüssigdünger zu.

***Anchusa capensis* ,Blue Angel'**
Ihre kleinen schüsselförmigen Blüten ziehen die Bienen an

***Lobelia erinus* ,Sapphire'**
Mit ihrem langsamen, hängenden Wuchs ist diese Lobelie ideal für einen Fensterkasten

Felicia bergeriana
*Die Blüten öffnen sich bei
Sonnenschein und schließen
sich, wenn Wolken aufziehen*

ALTERNATIVES ARRANGEMENT

*Calendula
officinalis*

Eine Fülle gelber einjähriger
Pflanzen bildet einen hübschen
Kontrast zum Blau des Kastens.
Sumpf- und Gartenringelblume
sowie die Kapuzinerkresse ‚Tom
Thumb‘ sind leicht zu ziehen.

Tropaeolum nanum ‚Tom Thumb‘

Limnanthes douglasii (Sumpfblume)

**Lobelia erinus compacta
‚Crystal Palace‘**
*Der kompakte Wuchs ihrer
Blüten bringt Farbflecken in
die Gruppe*

**Lobelia pendula
‚Lilac Cascade‘**
*Zarte Blüten sprießen
an hängenden Stengeln*

*Die Kombination aus tiefblauen Blüten-
blättern und weißen Kelchen hebt diese
Lobelie von den einfärbigen Blumen ab*

EISCREMEKASTEN

Das Spiel mit verschiedener Weißtönen ist das Eindrucksvolle an diesem Arrangement. Das Schneeweiß des Hornveilchens wird von dem cremefarbenen Gartenlöwenmaul kontrastiert. Sein goldener Kelch bringt Wärme in die sonst völlig weißen Blüten. Die Dreimasterblume mit ihren kühlen, grün-weißen Blättern ist eigentlich eine Zimmerpflanze, sie kann im Sommer aber auch draußen stehen. Die satte Cremefarbe des Kastens bietet den idealen Rahmen für diesen Überfluß an weißen Blüten.

SIE BENÖTIGEN DAZU

1 Antirrhinum majus ‚White Wonder' (Gartenlöwenmaul) × 5, S. 129
2 Viola cornuta alba (Hornveilchen) × 3, S. 139
3 Petunia ‚Surfinia Brilliant White' (Petunie) × 3, S. 137
4 Tradescantia fluminensis ‚Albovittata' (Dreimasterblume) × 2, S. 138

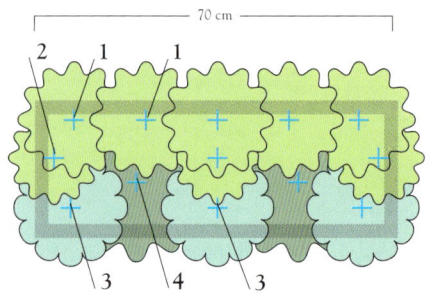

70 cm

Antirrhinum majus ‚White Wonder'
Das Löwenmaul gedeiht in Gefäßen gut und blüht im Sommer sehr ausgiebig

Tradescantia fluminensis ‚Albovittata'
Umgetopft kann sie im Winter als Zimmerpflanze verwendet werden

Die Ableger der Dreimasterblume für neue Arrangements verwenden (siehe S. 122)

DIE PFLEGE DER GRUPPE
Um eine lange Blütenperiode
genießen zu können, schneiden
Sie regelmäßig die Petunien
und die welken Spitzen des Lö-
wenmauls zurück. Ersetzen Sie
im Herbst Petunie
und Löwenmaul
durch weiße Zwerg-
narzissen – für neue
Farbe im Frühjahr –,
und schneiden
Sie die
Veilchen
zurück.

Viola cornuta alba
Diese zarte Pflanze
blüht Jahr für Jahr

Petunia ,Surfinia
Brilliant White'
Diese hängende
Sorte ist für
Fensterkästen und
Blumenampeln
bestens geeignet

STARKE EINZELGÄNGER

Ein einfaches und dennoch beeindruckendes Arrangement läßt sich kaum besser als mit einer dichte Masse von Blüten einer einzigen Farbe gestalten. Die satt-gelben, doppelblütigen Kelche der Begonie ‚Yellow' beweisen dies hier sehr eindrucksvoll. Die Gruppe ist so schlicht, daß Sie den Kasten ruhig etwas gewagter gestalten können. Hier wurde ein simpler Holzkasten durch kleine, willkürlich angeordnete blaue und goldene Mosaikkacheln aufgewertet. Harmonierende oder kontrastierende Farben von Kasten und Blüten hinterlassen beim Betrachter einen starken Eindruck.

SIE BENÖTIGEN DAZU

1 *Begonia elatior* ‚Yellow' (Begonie)
× 5, S. 129

DIE PFLEGE DER GRUPPE

Diese Begonie läßt sich leicht aus Samen ziehen. Sie blüht den ganzen Sommer hindurch im Schatten oder Halbschatten. Graben Sie im Herbst die Knollen aus, entfernen Sie alle Triebe und lagern Sie sie in einem ungeheizten Raum in trockenem Sand. Setzen Sie die Knollen im Frühjahr in einzelne, mit Humus und Wasser befüllte Töpfe. Wenn die ersten Triebe sprießen, beginnen Sie mit dem Düngen, und wenn die Frostgefahr vorbei ist, stellen Sie sie ins Freie.

Blüten auszupfen, wenn sie welk werden

Begonia elatior ‚Yellow'
Die Doppelblüten der Begonien sind jenen der Kamelie ähnlich

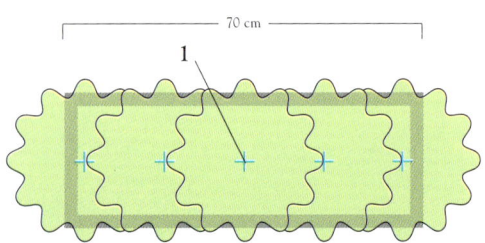

ALTERNATIVES ARRANGEMENT

An einem sonnigen Platz ist *Nolana* ‚Blue Bird' (Glockenwinde) die perfekte Einzelpflanze für diesen Fensterkasten aus gold-blauem Mosaik. Massen himmelblauer, trompetenförmiger Blüten mit weißem Kelch blühen während des ganzen Sommers und hängen über die Gefäßränder. Die Glockenwinde läßt sich leicht aus Samen ziehen (siehe S. 123).

Glänzende ovale Blätter heben die goldenen Blüten zusätzlich hervor

Lange Stengel sollten geschnitten werden, um einen buschigen Nachwuchs zu fördern

Die Kacheln werden mit wasserfestem Ziegelkleber fixiert (siehe S. 107)

DER KREATIVE GARTEN

FRÜHLINGSAUSWAHL
In vielerlei Gefäßen, von Weiden-
körben bis Tontöpfen, gedeihen im
Frühjahr blühende Knollenpflanzen –
Tulpen, Narzissen und Hyazinthen.

Topfgärten bieten viele Möglichkeiten, um Pflanzen, die in verschiedenen Klimazonen gedeihen, neben-einander erblühen zu lassen. Ein kleiner Platz und eine geringe Auswahl an Pflanzen sind der ideale Beginn für wirklich phantasievolle Gartenarbeit. Experimentieren Sie mit Farben und Mustern – so können Sie nicht nur traditionell, sondern auch erfrischend modern gestalten. Verwenden Sie etwa Ziergras, Sukkulenten und Kletter-pflanzen, die bisher selten in Töpfen gehalten wurden.

SONNIGES TERRAKOTTA
Die satten Farben und weichen Linien
der Terrakottatöpfe sind der perfekte
Rahmen für die Gold-, Silber- Weiß-,
und Grüntöne dieser Pflanzen.

GESTALTEN MIT PFLANZEN

Der erste Schritt auf dem Weg zu einem Topfgarten ist eine genaue Begutachtung des vorgesehenen Platzes, damit Sie die passenden Pflanzen auswählen. Stellen Sie fest, welche Bereiche im Schatten oder Halbschatten und welche vollständig an der Sonne liegen. Ein wichtiger Punkt ist auch der Schutz vor den Elementen. Überlegen Sie, ob der vorgesehene Platz Winterschutz oder – auf einem Dach oder Balkon –

Windschutz bietet. Außerdem sollten Sie Ihren persönlichen Stil kennen: Lieben Sie üppiges Grün, ruhige, kühle Formen oder etwas Heißes und Exotisches?

Überall läßt sich ein kleiner Topfgarten anlegen. Seien Sie innovativ und nutzen Sie den Raum bestmöglich. Stiegen und Hauseingänge können etwa durch Blumenampeln ausgestaltet werden. Kästen bieten sich bei Fenstersimsen an. Ist kein Fensterbrett

vorhanden, lassen sich die Kästen unterhalb des Fensters an der Wand befestigen. Geländer bieten Kletterpflanzen idealen Halt, doch sollten allzu wild wuchernde Sorten vermieden werden, um den Handlauf freizuhalten.

Achten Sie auch auf eine gefällige Perspektive. Die schönen Ansichten in Ihrer Wohnung werden Sie von Blumen umrahmen und die weniger schönen vermutlich eher verstecken wollen.

IDEALE SOMMERBEGLEITER
Das gedämpfte Silbergrau und Blaugrün der Sukkulenten sowie das zarte Hellrosa der hängenden Pelargonien passen gut zu dieser Treppe aus flechtenbewachsenen Steinstufen, die zu einer ebenso verwitterten Holztür führt.

EIN FARBRAHMEN FÜR EIN PORTAL
Die unregelmäßig geformten Köpfe dieser Rosen und die verschiedenen Pflanzen auf beiden Seiten der Treppe lockern den Haupteingang auf und verleihen dem sonst so formellen Portal eine freundliche und einladende Wirkung.

MEDITERRANER TREPPENAUFGANG

Die rauhen, ockerfarbenen Wände dieses Hauses sind typisch mediterran. Sorgfältig ausgewählte sonnenliebende Pflanzen, die viel Platz einnehmen, verstärken den Gesamteindruck. Auf den Stufen stehen Pelargonien in vielen lebendigen Farben und in unterschiedlichen Terrakottatöpfen. Ein Gummibaum und eine Zypresse sorgen für Kontraste.

EIN BLÜHENDER KORB AM EINGANG

Dieser üppige sommerliche Korb, genau in Augenhöhe angebracht, ist der perfekte Willkommensgruß. Das frische Weiß der Begonien reflektiert die Farbe der Tür, die lilafarbene Lobelie, der gelbe Zweizahn und das goldfarbene Eisenkraut bringen Wärme und strahlende Farben in das Arrangement.

FARBEN UND MUSTER AN EINEM UNSCHEINBAREN PLATZ

Dieses einladende Durcheinander von Pflanzen und Töpfen schmückt einen Raum neben einer Treppe, der ansonsten ungenutzt bliebe. Tische, Sockel und Topfgestelle plazieren die Pflanzen unterschiedlich hoch. Wandtafel und Gartenbank ziehen die Blicke auf sich

und schaffen eine angenehme Atmosphäre. Grüner und Gefleckter Efeu, Eisenkraut, ein Buchsbaum und eine Yucca bieten eine Vielfalt an Blattformen. Einjährige Beetpflanzen wie Pelargonien, das Osteopermum und Petunien sorgen für freundliche Farben.

SCHATTENPFLANZEN

Liegt der gewählte Platz teilweise oder vollständig im Schatten, so ist es wichtig zu wissen, wo und zu welcher Tageszeit kein Sonnenlicht einfällt. Das wechselt im Laufe des Jahres, denn die Sonne verändert ihre Umlaufbahn. Umliegende Gegenstände, Bäume oder Gebäude, können einen Platz fast völlig im Schatten versinken lassen. Lassen Sie sich nicht entmutigen, es gibt eine große Auswahl schöner Pflanzen, die an einem solchen Ort gedeihen. Außerdem lassen sich viele dunkle Plätze durch wenige einfache Veränderungen aufhellen.

EINFACHE VERÄNDERUNGEN

Bevor Sie die Gefäße aufstellen, streichen Sie die Wände weiß, cremefarben oder in einem sanften Gelb, um das vorhandene Tageslicht optimal zu nutzen. Putzen

Betonplatte

Künstliches Steinpflaster

PFLASTERSTEINE

Die Pflasterstruktur bestimmt die Stimmung des Arrangements mit. Achten Sie deshalb darauf, daß die Farbe und Struktur des Pflasters sich in das Gesamtbild einfügen. Symmetrische oder unregelmäßige Muster können für Kontraste oder für Harmonie sorgen. Für einen Kellereingang oder einen Patio empfehlen sich preisgünstige Kunststoffsteine oder Waschbeton, für einen Balkon oder einen Dachgarten leichte Materialien.

Sandstein

Steinwerkzeug

und grundieren Sie die Wand, damit die Farbe besser hält. Pflastern Sie den Boden mit hellem Material. Verwenden Sie wetterfeste Spiegel, um das Tageslicht auch in die dunklen Ecken zu lenken. Installieren Sie künstliche Beleuchtung, schon aus Sicherheitsgründen. Geschickt ausgerichtete Lampen heben die Feinheiten der Pflanzen hervor.

BLÜTEN UND BLÄTTER

Jene Pflanzen, die vorwiegend Blätter tragen, wie etwa Farne und Funkien, gedeihen gut im Schatten. Immergrüne Pflanzen mit glänzenden Blättern, die Zimmeraralie oder die Kamelie, sehen ganzjährig hübsch aus. Genauso eignen sich jene mit gefleckten, hellen Blättern wie Wilder Wein, Stechpalme und

Pfaffenhütchen. Auch Blütenpflanzen vertragen Schatten. Im Frühjahr sind Primeln und Knollengewächse aus Waldgegenden, etwa die Vorfrühlingsanemone geeignet; im Sommer Begonien, Fleißige Lieschen, Tabak und Gauklerblumen; im Herbst Alpenveilchen und Stiefmütterchen. Vor allem hellrosa oder weiße Blüten lieben Schatten.

EIN SCHATTIGER EINGANG

Dieser Bepflanzungsplan für einen schattigen Eingang hebt die für Pflanzen in Frage kommenden Bereiche wie Stufen und Fenstersimse hervor. Das Arrangement wertet den Ort bestmöglich auf. Hier sind die Veränderungen von Sonne und Schatten einkalkuliert, und jede Möglichkeit wurde genutzt, um die Licht- und Raumsituation zu optimieren.

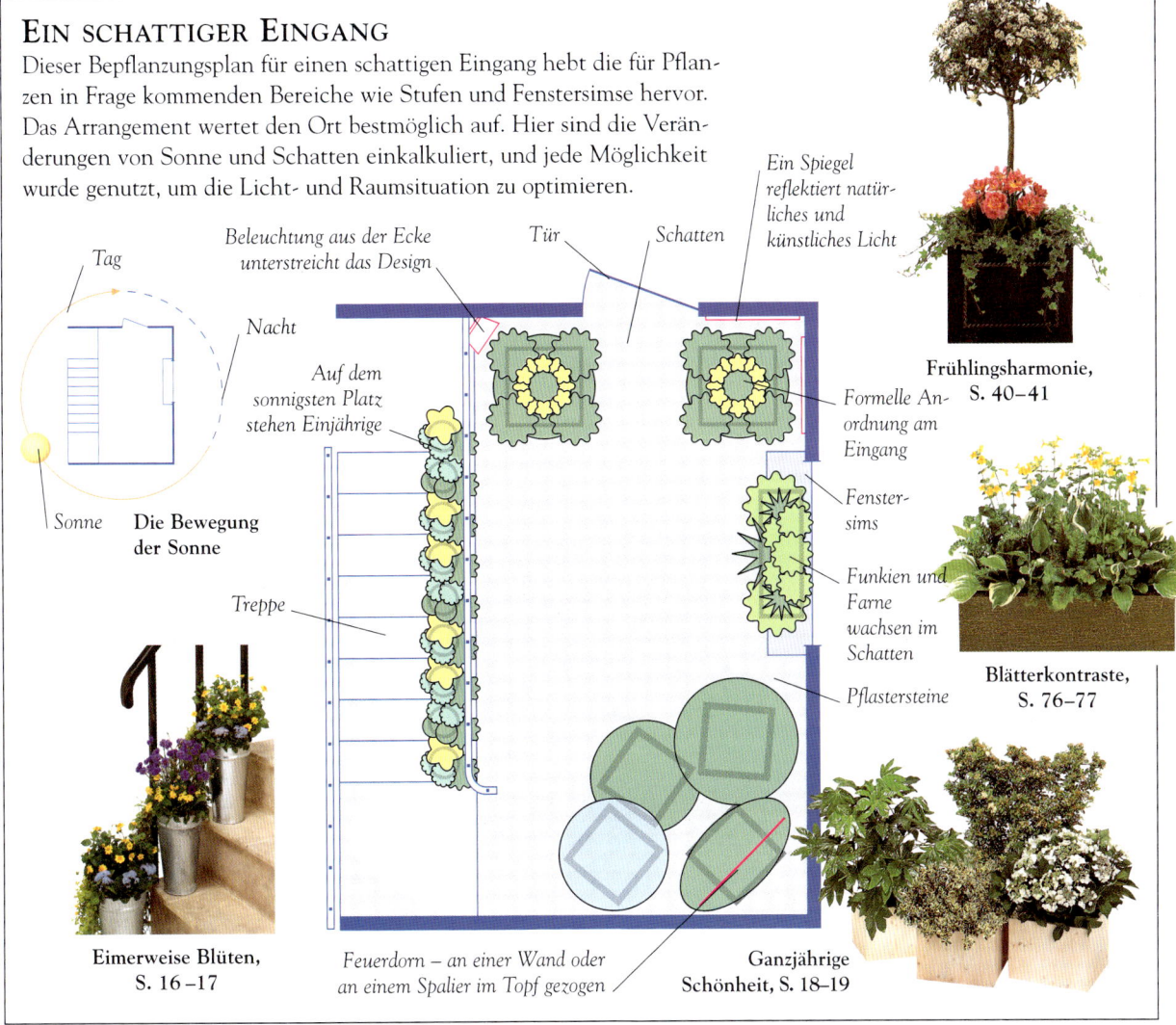

Tag

Nacht

Beleuchtung aus der Ecke unterstreicht das Design

Tür

Schatten

Ein Spiegel reflektiert natürliches und künstliches Licht

Auf dem sonnigsten Platz stehen Einjährige

Sonne **Die Bewegung der Sonne**

Treppe

Frühlingsharmonie, S. 40–41

Formelle Anordnung am Eingang

Fenstersims

Funkien und Farne wachsen im Schatten

Pflastersteine

Blätterkontraste, S. 76–77

Eimerweise Blüten, S. 16–17

Feuerdorn – an einer Wand oder an einem Spalier im Topf gezogen

Ganzjährige Schönheit, S. 18–19

PLANZEN AN DER SONNE

Die Auswahl an Pflanzen, die an der Sonne gedeihen, ist unendlich groß. Wählen Sie Ihr persönliches Lieblingsthema. Dieses kann auf Farbe, Form, Muster oder auf einem Begriff wie „mediterran" basieren.

Kräftige Farben lieben die Sonne. Viel Licht brauchen etwa Orange und Scharlachrot. Zurecht sind einjährig blühende Pflanzen sehr beliebt. Für ein dauerhaftes Ensemble kombinieren Sie diese mit immergrünen, mehrjährig blühenden Pflanzen sowie mit Sträuchern.

PFLEGELEICHTE AUSWAHL

Wüstenpflanzen wie Sukkulenten und Kakteen wirken unter direkter Sonneneinstrahlung sehr malerisch. Ihre exotischen Formen werfen eindrucksvolle Schatten. Unempfindlichkeit gegen Trockenheit und minimaler Wasserverbrauch machen sie für sonnige Plätze bestens geeignet. Die meisten Topfpflanzen sollten Sie an Sonnenplätzen regelmäßig gießen (siehe S. 118).

SONNIGE TERRASSE

Dieser Plan eignet sich für einen Platz, der tagsüber an der Sonne liegt. Pelargonien und Sukkulenten werden eine Wand entlang aufgestellt, die vor Wind und Kälte schützt. Weiter weg vom Gebäude wird die Gruppe mit zarten Blüten und gemusterten Blättern höher. Das hier präsentierte Arrangement schafft Privatssphäre und rundet die Umrisse des Hauses ab.

Türen

Der Mauer angepaßtes Spalier

Stachelige Blätter vom Durchgang fernhalten

Stuhl

Tisch

Nacht

Tag

Sonne

Der Weg der Sonne

Feuerrote Spaliere,
S. 14–15

Sukkulententürme,
S. 46–47

Holzboden

Kupferkontraste,
S. 44–45

Stufen

Blütenkörbe,
S. 34–35

INSZENIERUNG AUF EINEM HOLZBODEN

Die geschickte Verwendung von Treibholz verleiht dieser schlichten Gruppe von Kakteen und Sukkulenten einen orientalischen Touch. Die gedämpften, natürlichen Farben der Töpfe passen zu ihrer Umgebung aus gebeiztem Holz.

EIN BLICKFANG AUF ENGEM RAUM

Das triumphbogenartige Spalier an der fast leeren Mauer ist ein Blickfang und hebt die Kugel des Zierstrauches visuell vom Efeu ab. Die durch das Spalier verfälschte Perspektive läßt scheinbar über die Grenzen des Gartens hinausblicken.

HOLZBÖDEN

Holzböden sind eine reizvolle Alternative zu Pflastersteinen. Harthölzer wie Redwood und Zeder sind ideal, denn sie müssen nicht behandelt werden. Weichhölzer wie Lärche und Pinie sind weniger widerstandsfähig. Diese sollten Sie präparieren, sonst vermodert der Boden. Vorsicht – nasses Holz ist sehr rutschig!

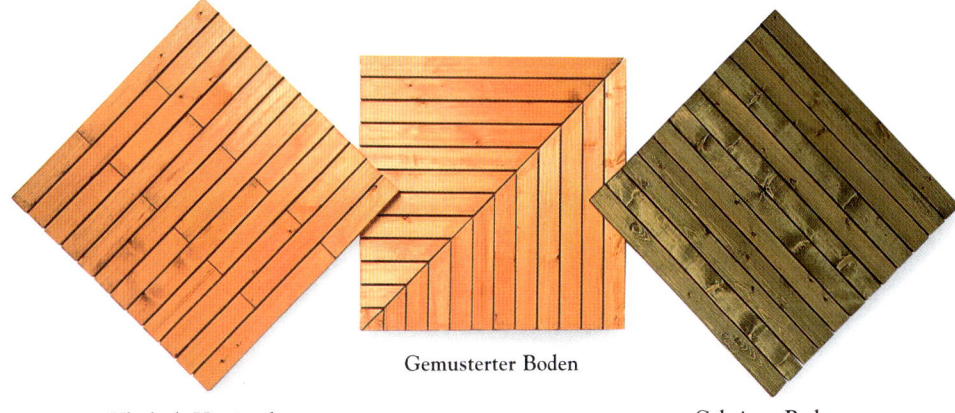

Klarlack-Versiegelung

Gemusterter Boden

Gebeizter Boden

PFLANZEN AN EINER EXPONIERTEN STELLE

Die meisten Probleme an exponierten Plätzen entstehen durch starken, böigen Wind. Solche Orte müssen auf eine Weise ausgestaltet werden, die Schutz vor den Elementen bietet, ohne den schönen Ausblick zu verbauen. Wenn es der Platz erlaubt, können Sie auch windgeschützte Sitzgelegenheiten einplanen.

Zuerst errichten Sie einen Windschutz rund um den Garten herum. Durchlässige Barrieren, wie etwa Spaliere, Zäune aus Haselnußzweigen oder hölzerne Lattenzäune eignen sich für diesen Zweck sehr gut, denn sie schwächen den Wind ab. Luftundurchlässige Hindernisse hingegen er-

zeugen Verwirbelungen, die den Pflanzen schaden könnten.

ROBUSTE ARTEN

Pflanzen müssen robust sein, um bei rauhen Bedingungen überleben zu können. Besonders geeignet sind solche mit lederartigen immergrünen Blättern, wie etwa Efeu und Mahonie. Die Mahonie ist eine ideale Pflanze für exponierte Plätze, auch wegen ihrer kleinen, ausgefransten Blätter, durch die der Wind hindurchstreichen kann. Schlanke Pflanzen mit kleinen Blättern – Haselstauden etwa – widerstehen dem Wind, weil er einfach direkt durch sie hindurchbläst. Biegsa-

EINE OASE AM DACH

Dieser Dachgarten wurde in einen wunderbaren Sitzbereich umgewandelt. Die Laube schafft Privatsphäre, immergrüne Blätter runden die Ecken ab und sorgen für langanhaltende Schönheit.

me Gräser wiegen sich mit dem Wind anstatt abzubrechen. Flache Pflanzen wie Bubiköpfchen und Kleine Schneeflocke bieten dem Wind wenig Angriffsfläche.

Der Humus trocknet durch starken Wind und Sonne rasch aus. Ein Gefäß aus undurchlässigem Material wie Plastik, Fiberglas oder Metall hält die Feuchtigkeit länger als ein poröses und muß weniger oft gegossen werden. Diese Materialien sind zudem sehr leicht, was bei einem Dach oder Balkon wichtig ist.

EIN WINDIGER DACHGARTEN

Dieser Plan bietet Vorschläge für einen exponierten, dem Wind ausgesetzten Platz. Ein Spalier wurden aufgestellt, als Schutz und zur Wahrung der Privatsphäre. Spindelstrauch und Efeu klettern daran empor. Sonnen- und Schattenseiten bieten unterschiedlichen Pflanzen Platz. Wird der Sitzplatz durch Pflanzengefäße vom Haus getrennt, entsteht die Illusion eines zusätzlichen Raumes.

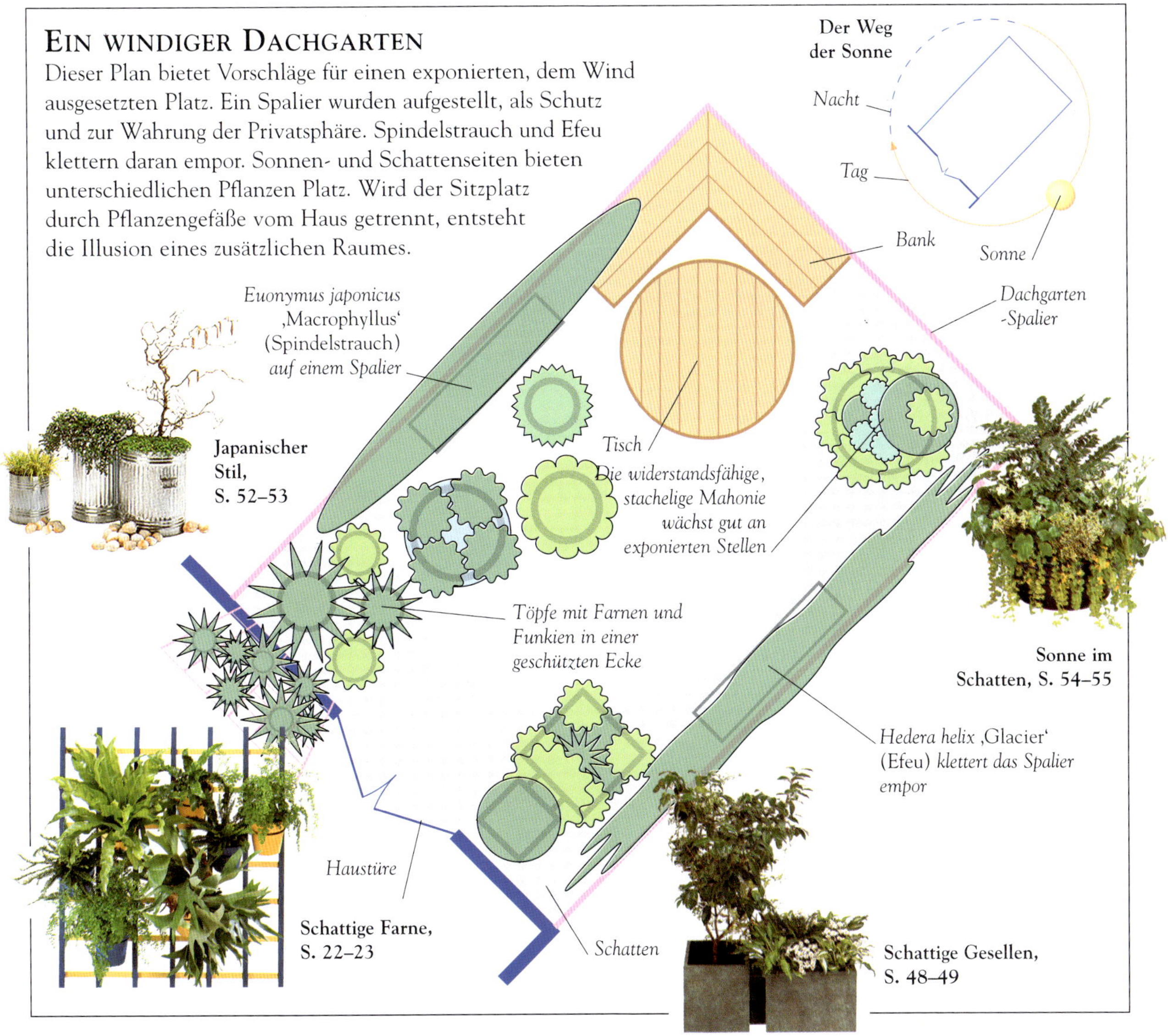

Der Weg der Sonne

Nacht

Tag

Bank

Sonne

Dachgarten -Spalier

Euonymus japonicus ‚Macrophyllus' (Spindelstrauch) auf einem Spalier

Japanischer Stil, S. 52–53

Tisch

Die widerstandsfähige, stachelige Mahonie wächst gut an exponierten Stellen

Töpfe mit Farnen und Funkien in einer geschützten Ecke

Sonne im Schatten, S. 54–55

Hedera helix ‚Glacier' (Efeu) klettert das Spalier empor

Haustüre

Schattige Farne, S. 22–23

Schatten

Schattige Gesellen, S. 48–49

SPALIERE UND ZÄUNE

Die Wahl des Spaliers oder Zaunes hängt vom Stil des Dachgartens ab. Ein quadratisches oder rautenförmiges Spalier paßt zu einem formellen Ensemble und ist die optimale Unter- stützung für eine Kletterpflanze. Mit einem Haselstaudengeflecht oder einem Lattenzaun läßt sich hingegen rustikale Atmosphäre erzeugen. Befestigen Sie alle Teile gut an Stützpfosten.

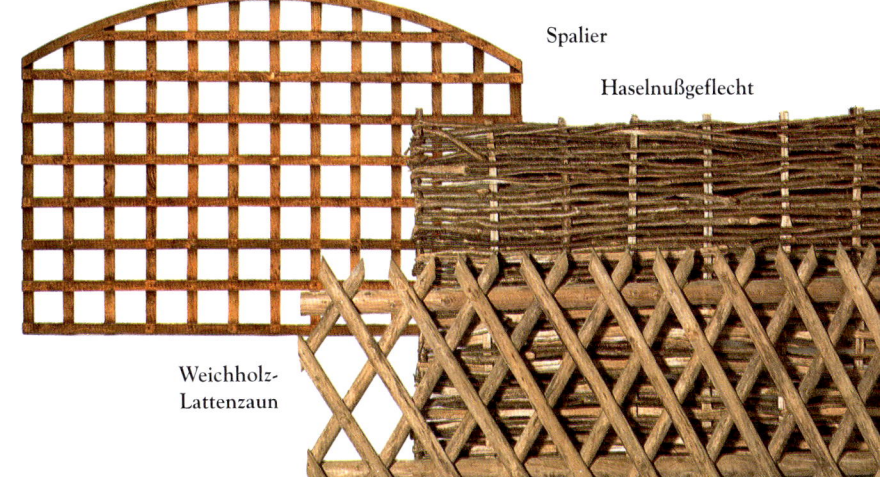

Spalier

Haselnußgeflecht

Weichholz- Lattenzaun

GESTALTEN EINER GRUPPE

Sobald Sie herausgefunden haben, welche Pflanzen wo gedeihen können, müssen Sie überlegen, welche Stimmung Ihre Pflanzengruppe verströmen soll. Bevorzugen Sie eine üppige, grüne und kühle Oase, oder ein sonniges Plätzchen mit leuchtenden, warmen Farben? Passen dazu schlichte, eindrucksvolle Blätter oder eine Fülle prächtiger Blüten?

Mit manchen Pflanzen lassen sich mehrere Stile verwirklichen. Sommergewächse wie Petunien, Belargonien, Lobelien und Strohblumen werden schon seit langem in Töpfen gezogen; gestalten Sie aus diesen Pflanzen ein traditionelles Arrangement. Andere Pflanzen werden zumeist mit einem ganz speziellen Stil in Verbindung gebracht. Wählen Sie sorgfältig ausgewählte Sträucher, mehrjährige Pflanzen, Sukkulenten und Gräser für klare Linien und architektonische Formen.

EINSATZ VON FARBEN

Blumen und Blätter gedeihen in allen Farben des Regenbogens sowie in Schwarz und in Weiß. Zudem gibt es von jeder Farbe

BLÄTTER-ARCHITEKTUR

Diese großblättrige Hosta sieboldii ‚Elegans‘ (Funkie) mit gerippten blaugrünen Blättern ist ein eindrucksvoller Beitrag in jedem modernen Ensemble. Das elegante Gefäß ist mit einer grünspanartigen Bemalung überzogen.

soviele Schattierungen, daß das Gestalten einer Pflanzengruppe der Kunstmalerei gleichkommt. Die Reaktionen auf ihr Werk werden sehr persönlich ausfallen. Es lassen sich viele Schattierungen kombinieren, aber um ein harmonisches Ergebnis zu erzielen, sollten Sie nur wenige Farben verwenden. Rosa, Blau und Silber sind eine beliebte Kombination, weil sie weich und entspannend wirkt. Auch eine einfarbige Gruppe kann sehr gut wirken; weiße Pflanzen mit grünen Blättern sind sehr elegant. Im Gegensatz dazu ergeben leuchtend rote Blüten mit silbernen Blättern ein sehr modernes Aussehen. Sie könnten

EINDRUCKSVOLLER BLICKFANG

Diese liebliche, verwitterte Steinurne eignet sich ideal für eine traditionelle Pflanzengruppe. Blendend weiße Petunien umrahmen einen saftig-grünen, gestutzten Buchsbaum. Strohblumen hängen über die Ränder des Gefäßes.

auch eine Komposition versuchen, die nur aus Blattpflanzen besteht. Es gibt sie in Rot- und Purpur- bis hin zu Grüntönen – dazwischen liegen Silber, Gold und cremiges Weiß.

EINSATZ VON BLÄTTERN

Mit einer gekonnten Auswahl an Blattpflanzen lassen sich traditionelle als auch moderne Ensembles gestalten. Denken Sie etwa an die Umrisse, Formen und an die Schattenzeichnungen, die diese Pflanzen ermöglichen! Kontrastierende Formen bilden einen interessanten Blickfang, etwa wenn Sie einen Farn mit feinen Blättern neben das massive, kreisförmige Blattwerk der Funkie setzen. Ziergräser werden immer beliebter, und sie eignen sich gut als Topfpflanzen. Ihre leichten, luftigen Blätter bringen Bewegung und Leichtigkeit in jedes Arrangement.

PASSENDE FARBEN

Ein zweifarbiges Muster muß nicht langweilig sein, wie dieser Fensterkasten beweist. Die weißen und gelben Blüten der Narzissen und Pansien werden mit den grünen und gesprenkelten Blättern des Efeu, Aucuba japonica und Zwergnadelhölzern kombiniert. Die Pflanzen darunter setzen dieses Farbschema fort.

EIN AROMATISCHER KÜCHENKORB

Wenn der Platz eng ist, ist ein hängender Korb mit sonnenliebenden Kräutern wie Basilikum, Schnittlauch, Majoran und Kamille sehr dekorativ und zudem in der Küche sehr nützlich. Idealerweise findet dieser Korb neben einem Küchenfenster seinen Platz.

BRILLANTE FARBEN

Bei diesem herbstlichen Arrangement für ein Fenstersims wurden kontrastierende Farben kunstvoll kombiniert. Die leuchtend-gelben Zierpaprika und die purpurfarbenen Petunien sehen neben den scharlach- und magentaroten Alpenveilchen sehr harmonisch aus. Eigentlich passen diese Farben nicht zueinander, aber hier wirkt jede Pflanze für sich.

DIE PASSENDE PFLANZE

Diese Überblickstabelle soll Ihnen die Auswahl Ihrer Topfpflanzen erleichtern. Hier erhalten Sie Details über das Wachstumsverhalten, die Klimaverträglichkeit und den Zeitraum, in dem die Pflanze attraktiv ist. Diese Eigenschaf-

ten finden Sie in der Kopfleiste angeführt, in der senkrechten Liste die entsprechenden Pflanzennamen. Alle Pflanzen werden im *Planzenregister* (S. 128–139) nochmals beschrieben. Sorten sind unter dem Begriff „var" zusammengefaßt.

PLANZENNAME	Leicht zu pflegen	Schnelles Wachstum	Lange Blütezeit	Duftende Blüten bzw. Blätter	Interessante Blattform
Abutilon ‚Orangeade'		●	●		
Acanthus mollis	●				●
Adiantum raddianum	●				
Agave americana ‚Variegata'	●				●
Ageratum Srt.			●		
Argyranthemum frutescens		●	●		
Asplenium nidus	●				
Asplenium scolopendrium	●				
Bacopa ‚Snowflake'		●	●		
Begonia pendula var		●	●		
Begonia × tuberhybrida var		●	●		
Bidens ferulifolia		●	●		
Blechnum spicant	●				
Brachycome multifida	●	●	●		
Bracteantha bracteata ‚Bright Bikini'			●		
Buxus sempervirens	●				●
Calendula officinalis	●				
Camellia japonica ‚Alba Simplex'	●				
Carex comans ‚Bronze Form'	●	●			●
Choisya ternata ‚Sundance'				●	
Clematis flammula		●		●	●
Convolvulus cneorum	●		●		
Convolvulus sabatius syn. C. mauritanicus		●	●		
Cordyline australis ‚Torbay Dazzler'	●				●
Corylus avellana ‚Contorta'	●				●
Crocosmia var					●
Diascia rigescens			●		
Eccremocarpus scaber		●	●		●
Eschscholzia californica ‚Dali'					

DIE LIEBLINGSTOPFPFLANZEN DER AUTORIN

Ich verwende immer wieder gerne solche Pflanzen, die einen langen Zeitraum hindurch hübsch aussehen. Der Zweizahn produziert während der gesamten Sommerzeit goldene Blüten, das immergrüne Eisenkraut rundet jedes Arrangement perfekt ab. Die großen, skulpturartigen, teilweise immergrünen Blätter des Akanthus finde ich äußerst attraktiv. Zwergrosen sind wunderschöne Gefäßpflanzen; Die Rose ‚Queen Mother' erzeugt eine große Menge an sattrosa gefärbten Blüten. Verbenen, besonders ‚Peaches and Cream', sowie die Segge ‚Bronze Form' liebe ich ebenfalls sehr. Schattige Orte werden durch die Zimmeraralie, mit ihren geometrisch geformten, immergrünen Blättern, durch gesprenkelte Pfaffenhütchen und durch Efeu aufgewertet, Fleißige Lieschen blühen viele Monate lang.

Hängend	Verträgt Schatten	Verträgt Dürre	Verträgt Wind	Warme Farben	Kühle Farben	Verwendungs-Zeitraum	Typus
				Orange-Rot		Sommer/Herbst	Strauch
	●					ganzjährig	winterhart
	●					ganzjährig	Farn
		●	●			ganzjährig	Sukkulente
	●		●	warmes Rosa	Weiß/Blau	Sommer	einjährige Pflanze
					Weiß	Sommer	winterhart
	●					ganzjährig	Farn
	●					ganzjährig	Farn
●			●		Weiß	Sommer/Herbst	winterhart
●	●			Gelb/Rot	Weiß/Rosa	Sommer/Herbst	Knollengewächs
	●			Gelb/Rot	Weiß/Rosa	Sommer/Herbst	Knollengewächs
●	●			Gelb		Sommer/Herbst	winterhart
	●		●			ganzjährig	Farn
		●	●	warmes Rosa	Weiß/Blau	Sommer/Herbst	einjährige Pflanze
				Gelb/Orange/Rot		Sommer/Herbst	einjährige Pflanze
	●	●	●			ganzjährig	Strauch
			●	Gelb/Orange		Sommer	einjährige Pflanze
	●				Weiß	Frühjahr	Strauch
●		●	●	Bronze		ganzjährig	winterhart
	●	●		Gelb		Sommer/Herbst	Strauch
	●				Weiß	Spätsommer	Strauch
		●	●		Weiß	Sommer/Herbst	Strauch
●		●			Purpur	Sommer/Herbst	winterhart
		●	●	Bronze/Creme		ganzjährig	Baum
			●			Winter/Frühjahr	Strauch
			●	Gelb/Orange/Rot		Spätsommer	Knollengewächs
●				warmes Rosa	Blaßrosa	Sommer	winterhart
				Orange		Sommer/Herbst	winterhart
		●	●	Gelb-Rot		Sommer	einjährige Pflanze

PLANZENNAME	Leicht zu pflegen	Schnelles Wachstum	Lange Blütezeit	Duftende Blüten bzw. Blätter	Interessante Blattform
Euonymus fortunei var	●				
Fargesia murieliae ‚Simba'		●			●
Fatsia japonica					●
Felicia amelloides	●		●		
Fuchsia (Korbsorten)					
Gaillardia pulchella ‚Red Plume'	●		●		
Glechoma hederacea ‚Variegata'	●	●			
Hedera helix var	●	●			●
Helichrysum petiolare	●	●			
Hosta var	●				●
Hyacinthus orientalis ‚L'Innocence'				●	
Impatiens var	●		●		
Imperata cylindrica ‚Rubra'	●				
Lantana ‚Aloha'			●		
Lobelia pendula var		●	●		
Lonicera nitida var				●	
Lotus berthelotii	●				
Lysimachia nummularia ‚Aurea'	●	●			
Mahonia japonica	●			●	●
Mimulus luteus		●	●		
Miscanthus sinensis Srt.	●				●
Muscari botryoides ‚Album'				●	
Nicotiana ‚Lime Green'				●	
Osteospermum ‚Buttermilk'			●		
Pelargonium (efeublättrige Sorten)			●		
Petunia cvs.		●	●		
Phormium tenax ‚Bronze Baby'	●				●
Phyllitis scolopendrium ‚Cristatum'	●				
Platycerium bifurcatum	●				●
Polystichum setiferum ‚Divisilobum'	●				
Pyracantha ‚Soleil d'Or'					
Rosa (Zwergrosen)			●	●	
Rosmarinus officinalis Srt.	●			●	
Sedum morganianum		●			●
Tropaeolum nanum			●		
Tulipa ‚Queen of Night'					
Tulipa ‚Showwinner'					
Viburnum tinus	●				●
Yucca filamentosa	●			●	●

Hängend	Verträgt Schatten	Verträgt Trockenheit	Verträgt Wind	Warme Farben	Kühle Farben	Verwendungs-Zeitraum	Typus
	●					ganzjährig	Strauch
	●					ganzjährig	Bambus
	●					ganzjährig	Strauch
		●	●		Blau	ganzjährig	winterhart
●	●			Rot	Weiß/Purpur/Rosa	Sommer	Strauch
				Rot		Sommer/Herbst	einjährige Pflanze
●	●	●	●			ganzjährig	winterhart
●	●	●	●			ganzjährig	winterhart
●			●		Silber	ganzjährig	Strauch
	●					Sommer/Herbst	winterhart
	●				Weiß	Frühling	Knollengewächs
	●		●	Orange/Rot/Rosa	Weiß	Sommer	ein-/mehrjährig
	●		●	Rot		Summer/Herbst	Gras
	●		●	Gelb		Summer	Strauch
●	●		●	Rot/Rosa	Weiß/Blau/Lila	Sommer/Herbst	ein-/mehrjährig
	●	●	●		Weiß	Frühling	Strauch
●		●		Orange/Rot		Sommer/Herbst	winterhart
●	●	●	●	Gelb		ganzjährig	winterhart
	●		●	Gelb		ganzjährig	Strauch
	●			Gelb/Rot		Sommer/Herbst	winterhart
			●			ganzjährig	Gras
					Weiß	Frühling	Knollengewächs
	●				Lindgrün	Sommer	einjährige Pflanze
		●			Hellgelb	Sommer/Herbst	winterhart
●		●		Orange/Rot	Weiß/Rosa	Sommer	winterhart
●				Gelb/Rot/Rosa	Weiß/Purpur	Sommer/Herbst	einjährige Pflanze
		●	●			ganzjährig	winterhart
	●		●			ganzjährig	Strauch
●	●					ganzjährig	Strauch
	●					ganzjährig	Strauch
		●	●		Weiß	ganzjährig	Strauch
				Gelb/Orange/Rot	Weiß/Rosa	Sommer	Strauch
		●	●		Blau	ganzjährig	Strauch
●	●	●		Rot		ganzjährig	Sukkulente
●	●		●	Gelb/Orange/Rot		Sommer/Herbst	einjährige Pflanze
					Purpur/Schwarz	ganzjährig	Knollengewächs
				Rot		ganzjährig	Strauch
	●	●	●		Weiß/Rosa	ganzjährig	Strauch
		●	●		Weiß	ganzjährig	Strauch

PFLANZEN- & GEFÄSSPFLEGE

EIN STRAHL DER SOMMERSONNE
Dieses goldene Arrangement ist pflegeleicht. Winterharte und laubwechselnde
Sträucher stehen nebeneinander, dazwischen einjährig Blühendes – in tiefblauen Töpfen beeindruckend gestaltet.

Gartenarbeit mit Töpfen ist ein schönes Hobby. Auswahl, Dekoration und Herstellung eines Gefäßes
sind kreative Tätigkeiten. Durch das Gießen, Düngen
und Stutzen bleiben Sie in ständigem Kontakt mit Ihren
Pflanzen. Anders als einen Garten müssen Sie den Topf
nicht umgraben oder jäten. Diese Zeit bleibt Ihnen, um
die Besonderheiten der Pflanzen kennenzulernen, sie gesund zu erhalten und sich an ihrem Anblick zu erfreuen.

KÜCHENARRANGEMENT
Diese einfache Pflanzengruppe
benötigt lediglich etwas wasser-
durchlässige Erde, einen sonnigen
Platz und regelmäßiges Gießen.

DIE AUSWAHL EINES GEFÄSSES

Die gekonnte Kombination von Pflanze und Topf hilft Ihnen, ein wunderbar harmonisches Arrangement zusammenzustellen. Pflanzengefäße sind in den unterschiedlichsten Preisen, Materialien, Größen und Stilen erhältlich. Ein entscheidender Faktor bei der Auswahl ist der Stil, in dem Sie sich eingerichtet haben: Verzierte, antike Steinurnen passen zu großen, traditionellen Häusern, während einfachere Formen aus Terrakotta, Holz oder Metall meist mit kleineren, modernen Gebäuden harmonieren. Auf einem Balkon oder Dachgarten sind auch praktische Überlegungen wie das Gewicht sehr wichtig.

KÜNSTLICHE MATERIALIEN

In den letzten Jahren hat sich die Qualität von Pflanzengefäßen aus künstlichen Materialien erheblich verbessert. Es gibt exzellente Imitationen von Terrakotta-, Blei-, Stein- und Holzgefäßen; Kunststoffbehälter haben weniger Gewicht, sind billiger, haltbarer und pflegeleichter als natürliche Materialien.

Fiberglas-Trog

Plastik-Übertopf

PLASTIK- UND FIBERGLASCONTAINER

Diese Gefäße eignen sich gut für Dachgärten und Balkone, dort ist geringes Gewicht wichtig. Falls der Platz windanfällig ist, sollten Sie aber keine Pflanzen mit hochliegendem Schwerpunkt setzen. Plastik kostet weniger als Fiberglas und ist genauso gut.

Fensterkasten aus Metall

VERZINKTE METALLGEFÄSSE

Die glänzende Oberfläche wird durch Wettereinflüsse mit der Zeit matter, rostet aber nicht. Solche Gefäße eignen sich deshalb für im Freien stehende Pflanzen.

Blumen-ampel

Kunststein-gefäß

KUNSTSTEIN- UND BETONTRÖGE

Verwitterte Beton- und Kunststeinträge sind beinahe so schön wie echter Stein, aber billiger. Um einem neuen Gefäß Patina zu verleihen, bestreichen Sie es mit Joghurt, Sauermilch oder Jauche, um den Wuchs von Algen und Flechten zu fördern.

DRAHTKÖRBE

Drahtkörbe mit Plastikbeschichtung sind haltbar und leicht. Durch ihre Drahtrahmen können sich Pflanzen hindurchwinden, und so entstehen die schönsten Blütenkugeln.

NATURMATERIALIEN

Gefäße aus Naturmaterialien, etwa Stein, Holz oder Terrakotta, ergänzen eine Pflanzengruppe auf stilvolle Art und werden mit dem Alter immer schöner. Wählen Sie ein einfaches Pflanzenensemble, das die Töpfe zur Geltung kommen läßt – verstecken Sie schöne Gefäße nicht hinter hängenden Pflanzen.

Holzfaß

Holz-
wanne

HOLZGEFÄSSE

Holgefäße gibt es in vielen Formen: von rustikalen Fässern bis zu schlichten Holzwannen, die mit pflanzenverträglichem Holzschutzmittel und mit Beize oder Farbe verschönert und haltbar gemacht werden. Herrscht bei Ihnen eher feuchtes Klima, verwenden Sie witterungsbeständiges Hartholz.

Übertopf aus Terrakotta

Verwitterte
Terrakotta-
Urne

Fensterkasten
aus Terrakotta

TERRAKOTTA-ÜBERTOPF

Handgemachte Terrakottatöpfe sind schön, aber teuer. Achten Sie darauf, daß der Topf frostsicher ist. Auch maschinell gefertigter Terrakotta, der unbehandelt oder in Farbe angeboten wird, ist hübsch. Beide Arten verwittern mit der Zeit.

STEINTÖPFE

Gekonnt eingesetzt, verleihen verwitterte Steingefäße Ihrem Garten einen traditionellen Touch. Steintöpfe sind sehr schwer zu transportieren, daher sollte ihr endgültiger Standort gut vorgeplant werden. In Steinkästen oder -urnen finden den große Pflanzen wie Sträucher oder Bäume ausreichend Platz.

Verzierte
Steinurne

IMPROVISIERTE GEFÄSSE

Verzinkter
Abfalleimer

*Lackierter Korb
(siehe S. 117)*

(siehe S. 117)

Weidenkorb

Jedes wetterfeste Gefäß, in das sich ein Drainageloch bohren läßt, eignet sich als Pflanzentopf. Selbst mit Klarlack überzogene Körbe und Abfalleimer können verwendet werden.

MIT HOLZ & METALL ARBEITEN

Ein hölzerner Fensterkasten ist einfach zu basteln, vor allem, wenn Sie das Holz im Laden zuschneiden lassen. Der Kasten sollte mindestens 15-20 cm tief und hoch sein, die Länge dem Standort entsprechend. Nehmen Sie hochwertiges Holz, wenn Sie den Kasten bemalen oder beizen. Streichen Sie Zedern- und ähnliches Holz mit Klarlack oder kalken Sie es, um die Festigkeit zu erhöhen. Auch verzinktes Metall ist geeignet und paßt besonders gut zu einer modernen Pflanzengruppe. Mit einem Metallbohrer machen Sie die Abflußlöcher.

DAS BAUEN EINES HÖLZERNEN FENSTERKASTENS

Metall winkel

1 Machen Sie zuerst die Seitenteile des Kastens, sichern Sie jedes Brett mit zwei Metallwinkeln. Markieren Sie mit einem scharfen Werkzeug wie einer Ahle die Position jeder Schraube.

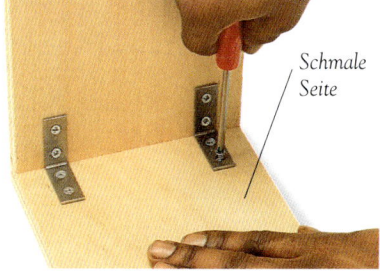

Schmale Seite

2 Befestigen Sie die Winkel. Warten Sie mit den Schrauben auf einer der Schmalseiten bis zum Schluß, dann haben Sie genügend Platz, um mit dem Schraubenzieher zu arbeiten.

3 Befestigen Sie vier Metallwinkel am Boden, zwei auf jeder der Längsseiten. Legen Sie den Rahmen auf den Boden, markieren Sie die Positionen der Schrauben, und ziehen Sie diese fest.

Winkel, an der Bodenplatte befestigt

EIN RAHMEN FÜR EINEN FENSTERKASTEN AUS PLASTIK

Rechnen Sie den Rand mit ein

Plastik-Fensterkasten

Im rechten Winkel abmessen

Ein Fensterkasten aus Plastik ist zweckmäßig und billig. Sein Aussehen läßt sich mit einem Holzrahmen verschönern. Messen Sie die Höhe, Breite und Tiefe des Fensterkastens, und addieren Sie zu jeder Messung 1 cm für die Dicke des Rahmens. Bauen Sie den Rahmen ohne Boden (siehe Schritt 1 und 2 oben). Behandeln Sie ihn je nach gewünschter Oberfläche mit hochwertigem Lack, wasserfestem Klarlack oder mit Holzschutzmittel.

Langsam, aber genau arbeiten

4 Drehen Sie den Kasten um, bohren Sie drei Drainagelöcher mit 1 cm Durchmesser in den Boden. Ist der Kasten kürzer als 60 cm, genügen zwei Löcher. Streichen Sie die Innenseite mit pflanzenfreundlichem Holzschutzmittel.

DRAINAGELÖCHER IN EIN METALLGEFÄSS BOHREN

Bringen Sie ein Klebeband an

1 Um für geeignete Drainage zu sorgen, bohren Sie drei Löcher in den Boden des Metallkastens. Mit einem Klebeband über der Stelle, an der Sie bohren, vermeiden Sie abzurutschen und sich womöglich zu verletzen.

Bohrerspitze für Metall

2 Legen Sie den Kasten auf eine sichere Unterlage, etwa auf einen Ziegel. Bohren Sie von innen durch den Boden, um ausgefranste Löcher, die von Erde verstopft würden, zu vermeiden. Gehen Sie bei Plastikästen ebenso vor.

HOLZ LACKIEREN

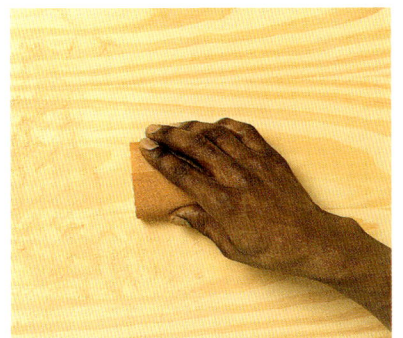

1 Um Holz für die Lackierung vorzubereiten, schleifen Sie es mit feinem Sandpapier in Richtung der Maserung, um Kratzer zu vermeiden. Wischen Sie allen Staub weg.

2 Tragen Sie in Richtung der Holzstruktur eine Schicht Lack auf. Lassen Sie ihn trocknen und schmirgeln Sie dann die Oberfläche. Das Ganze noch zweimal wiederholen.

EINEN HOLZKASTEN KALKEN

1 Bearbeiten Sie das Holz mit einer Drahtbürste, um die Poren zu öffnen. Um später sichtbare Kratzer zu vermeiden, bürsten Sie stets in Richtung der Maserung.

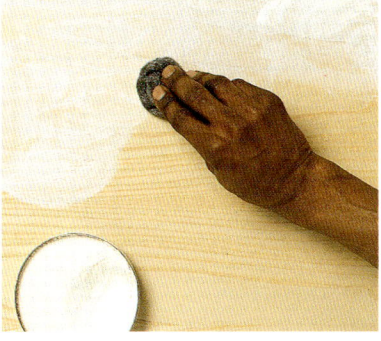

2 Tragen Sie die Leimmasse mit feiner Drahtwolle auf. Mit kreisförmigen Bewgungen arbeiten Sie diese in das Holz ein. Ein paar Minuten trocknen lassen. Es ist dann noch etwas fleckig.

3 Überschüssigen Leim entfernen Sie mit feiner Drahtwolle und einer Holzpolitur wie Bienenwachs, das Sie kreisförmig einarbeiten. Lassen Sie den Behälter etwa 15 Minuten trocknen und polieren Sie danach die Oberfläche mit einem weichen, fusselfreien Tuch, um dem Holz Glanz zu verleihen. Zeigt die Oberfläche erste Zeichen der Abnutzung, tragen Sie eine frische Schicht auf.

DAS GESTALTEN VON GEFÄSSEN

Ein Pflanzengefäß läßt sich leicht zu einem attraktiven Einrichtungsgegenstand umgestalten. Kräftige Effekte erzielen sie durch Acrylfarben oder wetterfesten Lack. Etwas gewagter, aber ebenso einfach herzustellen ist eine gemusterte Oberfläche. Als Alternative bietet sich ein Mosaik mit einfachen Kacheln an. Präparieren Sie die Oberfläche des Gefäßes immer sorgfältig: Grundieren Sie Holz und Metall, und versehen Sie Plastik mit einem Anstrich auf Acrylbasis, damit die Bemalung nicht abblättert. Holz wird durch drei Schichten wasserfesten Klarlack widerstandsfähig.

EINEN GRÜNSPANEFFEKT AUFTRAGEN

1 Jeden Container kann man mit einem einfachen Grünspaneffekt versehen. Grundieren Sie zuerst die Oberfläche. Danach folgt eine Schicht mit olivengrünem mattem Lack.

2 Tauchen Sie einen Pinsel in mintgrüne Farbe und streifen Sie den Großteil auf einem Stück Papier ab. Dann betupfen Sie die Oberfläche, um einen gesprenkelten Effekt zu erzielen.

3 Nehmen Sie nun blaugrüne Farbe. Wiederholen Sie Schritt zwei mit einem sauberen Pinsel. Bearbeiten Sie nicht alle Teile der Oberfläche gelich stark, sonst kommt der Grünspan-Effekt nicht zum tragen. Wenn Sie mit dem Ergebnis nicht zufrieden sind, beginnen Sie einfach erneut mit dem olivgrünen Anstrich.

4 Um den Grünspan-Effekt abzurunden, nehmen Sie wieder einen sauberen Rundpinsel und tragen etwas bronze-goldfarbene Paste auf, mit der Sie die Ecken oder erhabenen Teile der Oberfläche betonen. Die Paste trocknet sofort, deshalb sollten Sie diese sparsam auftragen. Sie können die Paste auch mit den Handballen auf der Oberfläche des Pflanzencontainers verschmieren.

5 Mit einer Schicht mattem, wetterfestem Klarlack (siehe S. 105) schützen Sie den Kasten. Tragen Sie ihn mit einem sauberen Pinsel auf. Zwei Schichten schützen optimal.

MIT REISSLACK ARBEITEN

1 Die Bearbeitung mit Reißlack gibt Ihrem Pflanzengefäß den Anschein von Betagtheit. Tragen Sie zuerst eine Schicht goldenen Acryllack auf die saubere und grundierte Oberfläche auf.

2 Wenn die Farbe trocken ist, tragen Sie mit einem Pinsel die erste Schicht Reißlack auf. Am besten gelingt es, wenn Sie den Lack waagerecht mit einem durchgehenden Pinselstrich auftragen.

3 Wenn die Schicht trocken ist, tragen Sie eine zweite Lage Acryllack in einer Farbe Ihrer Wahl auf. Malen Sie im rechten Winkel zum vorherigen Anstrich. Arbeiten Sie wieder mit einem durchgehenden Pinselstrich.

4 Um die Trocknung zu beschleunigen und die Brüche zu vergrößern, können Sie einen Fön verwenden. Wenn die Oberfläche trocken ist, folgen drei Schichten Klarlack als Schutz gegen die Feuchtigkeit (siehe S. 105).

EINEN KASTEN MIT MOSAIKSTEINEN VERZIEREN

1 Ordnen Sie die Steine auf einer flachen Unterlage. Tragen Sie Fliesenkleber in 3 mm dicken Streifen an einer Seite des Kastens auf, dann setzen Sie nacheinander die Reihen und halten 3 mm Abstand zwischen den Steinen.

2 Mit einem feuchten Tuch wischen Sie den überflüssigen Fliesenkleber weg, dann lassen Sie die Fläche trocknen. Geben Sie wasserfesten Mörtel zwischen die Fugen. Pressen Sie ihn mit einem Schwamm fest hinein.

3 Solange der Mörtel noch feucht ist, wischen Sie mit einem feuchten Tuch alle Reste von den Steinen sorgfältig ab. Zum Abschluß ziehen Sie die Fugen mit einem Streichholzkopf nach.

GROSSE KACHELN SETZEN

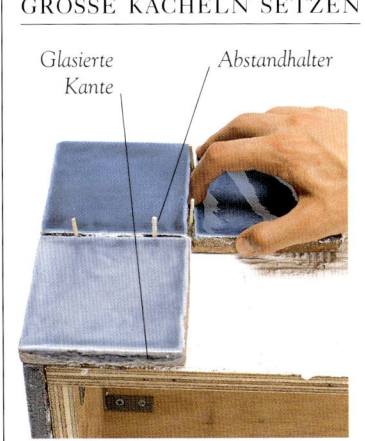

Glasierte Kante

Abstandhalter

Vermessen Sie den Kasten, um die Anzahl der Kacheln zu bestimmen, schneiden Sie diese nötigenfalls zurecht. Kleber auftragen (siehe Schritt 1, links) und die Fliesen mit Abstandhaltern positionieren. Die glasierten Kanten müssen nach außen weisen. Nach 12 Stunden (siehe Schritte 2 und 3, links) Abstandhalter und Mörtel entfernen.

DIE PFLEGE VON GEFÄSSEN

Ein Pflanzengefäß benötigt zumeist ein Minimum an Pflege, aber manchmal bedarf auch der Topf Ihrer betreuenden Hand. Gegen strengen Frost muß ein Terrakotta-Topf gut isoliert werden. Wollen Sie ihn stattdessen an einen wintersicheren Platz bringen, sollten Sie vorher sein Gewicht abschätzen, um eine geeignete Transportmöglichkeit zu finden. Ein wertvoller Topf muß möglicherweise auch vor Diebstahl geschützt werden.

TÖPFE UMSTELLEN

Den Sack langsam ziehen

EINEN TOPF UMSTELLEN

Ist ein Gefäß zu schwer, um getragen zu werden, heben Sie es auf einen Sack oder Teppich und transportiern das Gefäß, indem Sie es mitsamt der Unterlage ziehen. Sichern Sie empfindliche oder gefährliche Pflanzen wie Stechpalmen vor dem Transport.

Empfindliche Teile zusammenbinden

Zarte Zweige bleiben so wahrscheinlich unbeschädigt

Den Gummiriemen durch die Griffe des Gefäßes führen

Neigen Sie den Wagen um 45°; so ist das Gefäß einfach zu transportieren

EINEN BEHÄLTER ROLLEN

Um einen schweren Topf über große Distanzen oder über Stufen zu transportieren, verwenden Sie einen stabilen Handwagen. Sichern Sie den Topf mit Gummiriemen. Über flache Böden können Sie den Topf auch mit einem Skateboard transportieren.

EINEN SPRUNG FLICKEN

Enden verdrehen

Einen kleinen Sprung können Sie mit Draht flicken. Den Draht zweimal fest um den Topf wickeln, und die Enden verdrehen. Große Sprünge könne nicht repariert werden. Verwenden Sie die Scherben zur Drainage (siehe S. 112).

GEFÄSSE SICHERN

Die Kette zweifach um das Geländer wickeln

Mit Vorhängeschloß absichern

KETTE MIT SCHLOSS

Ein Topf vor der Haustür könnte Diebe anlocken. Zur Diebstahlvermeidung ziehen Sie eine feste Kette durch das Drainageloch, bevor Sie den Topf bepflanzen. Wickeln Sie die Kette um ein nahes Geländer oder einen Pfosten, und sichern Sie die Enden mit dem Vorhängeschloß.

Schwere Ziegel am Boden des Gefäßes

MIT ZIEGELN BESCHWEREN

Ist es nicht möglich, den Topf anzubinden, beschweren Sie ihn, damit ihn niemand wegtragen kann. Bringen Sie den Topf an seinen Platz, denn Sie können ihn, wenn er präpariert ist, nicht mehr bewegen. Bedecken Sie den Boden mit einer ausreichenden Lage von Ziegelsteinen.

ÜBERWINTERUNG EINES BEPFLANZTEN TOPFES

Empfindliche Behälter, etwa solche aus Terrakotta, und frostempfindliche Pflanzen müssen im Winter vor Frostschäden geschützt werden. Ist der bepflanzte Topf zu schwer oder im Haus nicht ausreichend Platz, müssen Sie ihn von Kälte isolieren.

1 Bei einer spitzen Pflanze, etwa *Yucca filamentosa*, bündeln Sie die Blätter, und halten Sie sie mit einer Schnur zusammen.

Halten Sie die Blätter vorsichtig, aber sicher

2 Beim Verhüllen der Pflanzen mit Gartenvlies sollte keine Stelle frei bleiben. Befestigen Sie das Vlies mit Klammern oder Sicherheitsnadeln. Im Notfall schützt ein Netzvorhang ein Pflanze vor Nachtfrost.

Das Gartenvlies befestigen

Gartenvlies schützt vor Frost und sichert die Luftzufuhr

Fuß der Pflanze ist umwickelt

In einem Jutesack kann der Topf atmen

3 Schützen Sie den Terrakottatopf mit einem Jutesack gegen den Frost. Sie können auch eine Luftkissenfolie, mehrere Schichten Zeitungspapier oder auch einen alten Mantel verwenden. Stellen Sie den Topf auf eine Styroporplatte, um Schäden durch Bodenfrost zu vermeiden.

Styropor isoliert bei Bodenkälte

GESUNDE PFLANZEN ERKENNEN

In einem Topfgarten steht jede einzelne Pflanze im Mittelpunkt, deshalb sollten Sie auf deren perfekten Zustand achten. Sie müssen beim Einkauf die gesündesten Pflanzen erkennen können. Gleichgültig, ob es sich um eine Zwiebel, eine Pflanze, die in ihrem Topf gezogen wurde, oder um eine Pflanze mit nackten Wurzeln ohne Erde handelt, überprüfen Sie, ob die Pflanze sorgfältig gepflegt wurde und frei von Schädlingen und Krankheiten ist. Eine Topfpflanze, deren Wurzel aus dem Topf herausragen oder die Unkraut und Flechten aufweist, war zu lange in ihrem Gefäß und sollte nicht gekauft werden.

WAHL EINER KNOLLE

Eine gesunde Knolle (oder Zwiebel) hat einen festen Körper; austreibende Spitze und Häutchen – die braune, äußere Schale – sollten unverletzt sein. Meiden Sie runzelige und weiche Exemplare sowie solche mit grünem Schimmel. Kühl und trocken lagern.

Gesunde Schale *Keine frischen Wurzeln*

Weiche Stellen

Gesundes Exemplar

Krankes Exemplar

DIE WAHL DES RICHTIGEN STRAUCHES

Ein dichtes Geäst und Blattwerk, nicht die Höhe sind entscheidend. Wichtig ist ein kräftiger Wuchs am Fuß der Pflanze. Ziehen Sie den Topf herunter, um das Wurzelwerk zu kontrollieren.

Kräftiger, gleichmäßiger Wuchs *Ein alter Wuchs ist lang und dürr*

Keine Moose oder Flechten auf dem Humus

Feste Wurzeln mit weißen Spitzen *Flechten auf dem Humus* *Mit Wurzeln überfüllter Topf*

Gesundes Exemplar **Krankes Exemplar**

GESUNDE ROSEN ERKENNEN

Kaufen Sie nur dann eine Rose mit nackten Wurzeln, wenn Sie sie sofort einsetzen. Wenn Sie eine eingetopfte Rose kaufen, sollten Sie kontrollieren, ob sie nicht erst kurz zuvor umgesetzt worden ist; ziehen Sie die Rose am Haupttrieb aus dem Topf heraus. Bewegen sich die Wurzeln aus der Erde, wurde die Pflanze vor kurzem umgesetzt. Dünne Triebe und unregelmäßigen Wuchs meiden.

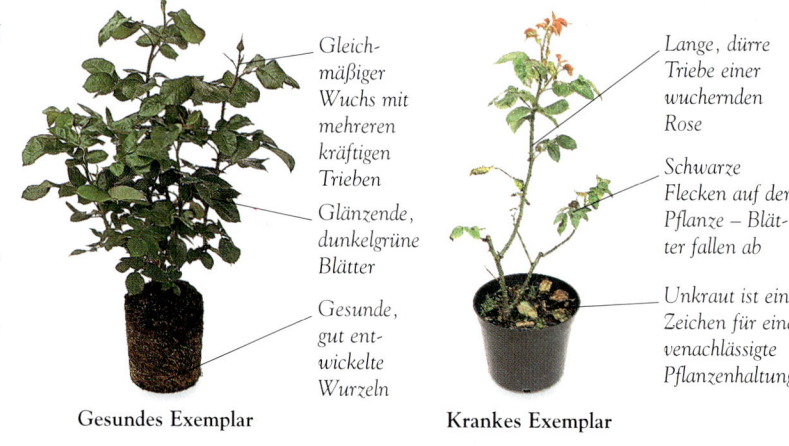

Gleichmäßiger Wuchs mit mehreren kräftigen Trieben

Glänzende, dunkelgrüne Blätter

Gesunde, gut entwickelte Wurzeln

Lange, dürre Triebe einer wuchernden Rose

Schwarze Flecken auf der Pflanze – Blätter fallen ab

Unkraut ist ein Zeichen für eine venachlässigte Pflanzenhaltung

Gesundes Exemplar **Krankes Exemplar**

WINTERHARTE PFLANZEN

Eine gesunde winterharte Pflanze hat kräftige Blätter. Bei einem Einkauf im Frühjahr sollten auch die jungen Triebe kräftig sein. Solche Sorten, die sich im Winter zurückbilden, werden im Herbst oftmals preisgünstiger angeboten, weil sie welk aussehen. Hier machen Sie einen guten Kauf, denn im Frühjahr werden neue Triebe sprießen. Pflanzen Sie diese so bald wie möglich um.

Die Pflanze füllt den Topf und kann vor dem Setzen geteilt werden

Blätter zeigen weder Fäulnis noch Krankheiten

Kleine blasse Blätter deuten auf Nährstoffmangel hin

Abgestorbene und verwelkende Blätter im Frühjahr verweisen auf eine Krankheit

Gesundes Exemplar

Krankes Exemplar

EINJÄHRIG BLÜHENDES

Einjährig blühende Pflanzen werden ihrer Farben wegen geschätzt, deshalb sollten Sie ein bereit erblühtes Exemplar auswählen. Auf jeden Fall soll es viele Knospen aufweisen, denn diese sichern einen Reigen von Blüten. Wählen Sie buschige, kräftige Pflanzen, meiden Sie hochgeschossene. Untersuchen Sie die Blätter nach Schimmel und Fäulnis. Frostempfindliche Pflanzen werden oft zu früh angeboten, um sie draußen einzusetzen. Warten Sie ab, ob die Frostgefahr sicher vorüber ist.

Viele Knospen für zukünftige Blüten

Unregelmäßiger Wuchs

Gesunde, grüne Blätter

Kranke Blätter

Dichter, buschiger Wuchs

Gesundes Exemplar

Krankes Exemplar

EINJÄHRIG BLÜHENDE PFLANZEN VOM ZÜCHTER

Schwacher, dürrer Wuchs

Kranke Blätter mit Pilzbefall

Kranke und welke Blätter bedeuten Vernachlässigung

Krankes Exemplar

Zur Geldersparnis kaufen Sie einjährig blühende Pflanzen ohne Topf, sondern mit der Schale, in der sie gezüchtet worden sind. Kontrollieren Sie, ob die Pflanzen buschig sind, gesunde, grüne Blätter und viele Knospen haben, damit sie sich nach dem Umpflanzen gut entwickeln. Hochgeschossene Exemplare und solche mit welken Blättern oder Transportschäden meiden. Aus den Drainage-Löchern sollen keine Wurzeln wachsen.

DIE PASSENDE AUSRÜSTUNG

Ein Vorteil der Topfgärtnerei ist, daß Sie jeder Pflanze die idealen Wachstumsbedingungen – bezüglich Drainage und Erde etwa – bieten können. Außerdem kommen Sie bei der Aufzucht und Pflege mit sehr wenigen Werkzeugen aus. Wenn Ihr Budget knapp ist, können Sie sogar mit Haushaltsgeräten improvisieren. Einen Handspaten und eine Gießkanne sollten Sie aber auf jeden Fall erwerben, denn diese werden Sie sehr häufig benötigen.

MATERIALIEN FÜR PFLANZUNG UND DRAINAGE

Für bessere Drainage Terrakotta- oder Styroporstücke auf den Boden des Gefäßes legen. Für bleibende Pflanzen wie Sträucher, Bäume und Kletterpflanzen erdigen Humus, für hängende Körbe eine leichte Sorte mit weniger Erde verwenden. Nach Bedarf wasserspeicherndes Granulat oder Kies beimengen.

Terrakottascherben

Styroporstücke

Wasserspeicherndes Granulat

Blumenerde

Kies

WERKZEUGE

Kaufen Sie Qualitätswerkzeuge aus rostfreiem oder geschmiedetem Stahl. Sie funktionieren gut, rosten nicht und sind deshalb ihr Geld wert. Alle Werkzeuge, besonders die Gabel und der Spaten, sollten gut in der Hand liegen. Die Geräte nach jeder Verwendung mit einem öligen Tuch reinigen und die Schneidewerkzeuge regelmäßig schleifen.

Eine Sperre sichert die scharfen Klingen

Gabel

Spaten

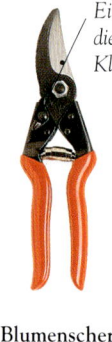

Blumenschere

Heckenschere

IMPROVISIERTES WERKZEUGSET

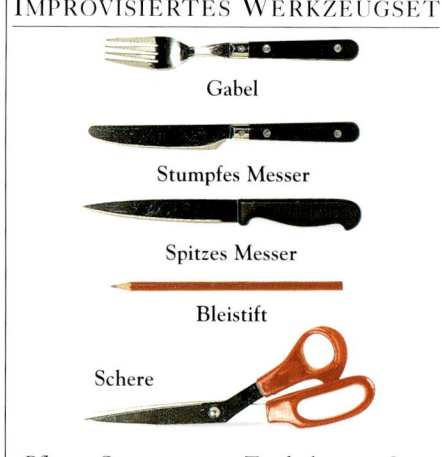

Gabel

Stumpfes Messer

Spitzes Messer

Bleistift

Schere

Pflegen Sie nur wenige Töpfe, können Sie es mit einem improvisierten Werkzeugset versuchen. Verwenden Sie ein stumpfes Messer oder einen Bleistift zum Setzen von Samen oder Knollen und ein scharfes Messer oder eine Schere zum Stutzen.

Ausrüstung zum Giessen

Häufiges, regelmäßiges und großzügiges Gießen ist für die meisten Topfpflanzen lebenswichtig, deshalb sollten Sie die notwendige Ausrüstung gut in Schuß halten. Wenn Sie nur wenige Pflanzen – efwa in einem Fensterkasten – pflegen, reicht eine Gießkanne vollkommen aus. Für eine größere Anzahl an Gefäßen benötigen Sie einen Schlauch und einen oder mehrere Aufsätze.

Giesskanne

Wählen Sie eine leichte und gut ausbalancierte Gießkanne, die gefüllt sicher in der Hand liegt. Den Aufsatz nur zum Düngen des Blattwerks verwenden.

Schlauch und Aufsätze

Verwenden Sie einen Schlauch mit einer Impulsspritze, wenn Sie mehrere Pflanzenbehälter gießen. Blätter könen wie ein Schirm wirken, deshalb auf ausreichende Durchdringung des Humus achtgeben. Verwenden Sie für hoch hängende Blumenampeln einen Gießstab.

Der verstellbare Vorderteil regelt den Wasserdruck

Die Aufsätze am Schlauch befestigen

Impulsspritze

Der Hebel regelt den Wasserfluß

Große, leicht befüllbare Öffnung

Schlauch

Aufsatz

Schlauchende am Hahn anschließen

Gießkanne

Das Ende ist gebogen, um hängende Körbe zu erreichen

Gießstab

Ein Minibewässerungssystem für einen Topfgarten

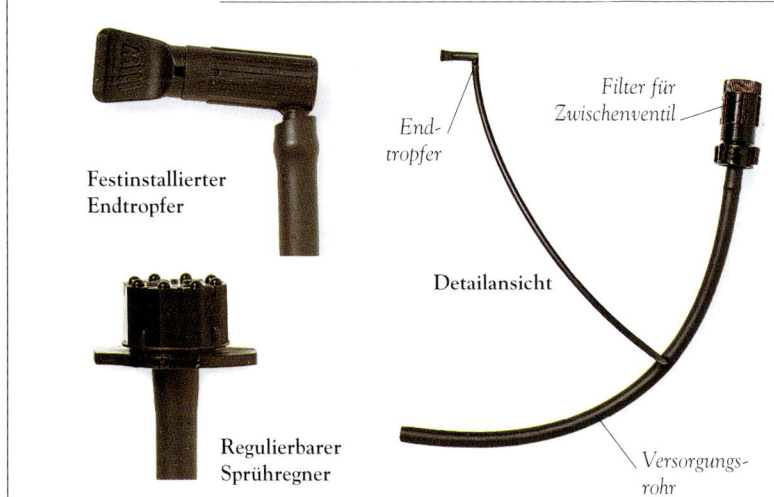

Festinstallierter Endtropfer

Regulierbarer Sprühregner

End-tropfer

Filter für Zwischenventil

Detailansicht

Versorgungs-rohr

Ein einfaches Minibewässerungssystem ist ideal für die effiziente Bewässerung einer großen Menge an Gefäßen. Diese mit kleinen Endtropfern oder Sprühregnern ausgestatteten Systeme ermöglicht Ihnen, die Wasserversorgung maschinell zu regulieren. Endtropfer mit regulierbarer Wassermenge reichen zumeist aus, es gibt aber auch ausgefeiltere Systeme. Bringen Sie einen Endtropfer am Boden jeder Pflanze an, um die Wurzeln direkt zu erreichen. Mit Hilfe eines Zeitschalters werden die Pflanzen auch in Ihrer Abwesenheit regelmäßig mit Wasser versorgt.

KNOLLEN & STRÄUCHER

Achten Sie darauf, daß Ihr Topfgarten eine möglichst lange Zeit attraktiv aussieht, vor allem wenn Sie keinen Garten besitzen. Eine Kombination aus Sträuchern, winterfesten und einjährig blühenden Pflanzen sowie Zwiebelgewächsen verhilft Ihnen zu diesem Ziel. Immergrüne Pflanzen sehen ganzjährig hübsch aus. Dazu geben Sie Pflanzen, die zu verschiedenen Zeiten blühen. Orientieren Sie sich bei der Wahl der Pflanzenerde an den Bedürfnissen der dauerhaftesten Gewächse Ihres Arrangements.

EIN ARRANGEMENT AUS KNOLLENPFLANZEN

Pflanzen, die im Frühjahr blühen, sollten Sie möglichst bald nach dem Kauf, im Spätherbst oder zu Winterbeginn, setzen. Genaue Daten entnehmen Sie der Verpackung. Mit in Schichten gepflanzten Knollen gestalten Sie eine eindrucksvolle Gruppe. Langblühende Stiefmütterchen und immergrüner Efeu verschönern die Herbst- und Winterzeit.

SIE BENÖTIGEN DAZU:

2 × *Hedera helix* ‚Eva‘ (Efeu)

25 × *Narcissus* ‚King Alfred‘ (Narzisse)

10 × *Viola* × *wittrockiana* (Stiefmütterchen)

IN SCHICHTEN PFLANZEN

Legen Sie Scherben auf den Boden und bedecken Sie sie mit Humus. Geben Sie eine Lage Knollen darauf und anschließend wieder eine Schicht Humus. Fügen Sie zwei weitere Lagen hinzu, drehen Sie den Topf dabei jeweils um ein Achtel. Mit Humus bis 2 Zentimeter unter dem Rand anfüllen, sodaß die Spitzen der obersten Knollen gerade noch zu sehen sind. Ausreichend gießen.

UMTOPFEN EINER PFLANZE

Wurzelhals mit den Fingern halten

Um eine Pflanze aus ihrem Topf zu entfernen, legen Sie den Wurzelhals zwischen Mittel- und Zeigefinger und drehen den Topf um. Mit der anderen Hand und ziehen sie den Topf sanft vom Erdreich herunter.

Am Topfrand gepflanzter Efeu hängt nach unten

Die Spitzen der obersten Knollen schauen aus der Erde hervor

Um den Trieben Platz zu geben, Topf jeweils ein Achtel drehen

Terrakottascherben auf dem Boden verbessern die Drainage

Stiefmütter-
chen sorgen
für Farbe
im Winter

Hängender
Efeu setzt
Akzente

WINTERPFLANZEN

Stiefmütterchen blühen den ganzen
Winter hindurch, Efeu hängt malerisch
über den Topfrand. Welke Blüten entfernen, um den Nachwuchs zu fördern.

Narzissen werden
bis zu 30 cm hoch

Efeu wurde
gelichtet, um
den Nach-
wuchs zu
fördern

FRÜHLINGSFARBEN

Am schönsten ist dieses Arrangement zur Mitte des
Frühjahres – die Narzisse blüht zeitgleich mit den Stiefmütterchen. Wenn sie zu verwelken beginnen, einmal
wöchentlich verdünnten Flüssigdünger zugeben.

EINEN GROSSEN STRAUCH RICHTIG UMTOPFEN

1 Für ausreichende
Drainage geben
Sie eine 10 cm dicke
Schicht aus Styropor-
stücken oder Terra-
kottascherben in den
Topf. Achten Sie da-
rauf, daß das Draina-
geloch nicht verstopft
wird. Füllen Sie den
Topf zu einem Drittel
mit Humus.

Den Boden
mit Styropor
auslegen

2 Um den Strauch
in der richtigen
Höhe zu pflanzen,
stellen Sie ihn mit-
samt dem alten Topf
in den neuen. Geben
Sie soviel neue Erde
darunter, daß 4 cm
vom Topfrand nach
unten freibleiben. Den
Topf entfernen (siehe
gegenüber). Zusam-
mengepreßte Wurzeln
auseinanderzupfen.

Halten Sie
die Pflanze
am Stamm

3 Plazieren Sie den
Strauch in der
Mitte des neuen Top-
fes. Geben Sie so viel
frischen Humus in das
Gefäß, daß 4 cm vom
Topfrand nach unten
freibleiben. Drücken
Sie den Kompost mit
der Faust mehrmals
fest zusammen, damit
größere Luftlöcher
vermieden werden.
Gießen Sie den
Strauch nach dem
Umtopfen ausgiebig.

PFLANZEN IN KÄSTEN & KÖRBEN

Ein Fenstersims, eine kleine Veranda oder eine Mauer, an der sich ein Korb aufhängen läßt, bieten willkommene Möglichkeiten, um sich den Freuden des Gärtnerns hinzugeben sowie um mit ungewöhnlichen Gefäßen zu experimentieren. Sieht eine Gruppe nicht ganzjährig hübsch aus, überlegen Sie, wie Sie sie im Wandel der Jahreszeiten reizvoller gestalten könnten. Bedenken Sie, daß sowohl Blumenampeln als auch Fensterkästen gut befestigt werden müssen, denn mit Pflanzen und feuchter Erde angefüllte Töpfe können sehr schwer sein.

EINEN FENSTERKASTEN BEPFLANZEN

1 Für eine gute Drainage des Fensterkastens sorgen, wenn notwendig neue Löcher bohren (S. 105). Über einer Schicht Scherben den Kasten bis zur Hälfte mit Humus befüllen.

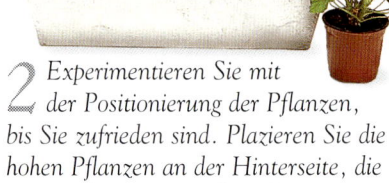

2 Experimentieren Sie mit der Positionierung der Pflanzen, bis Sie zufrieden sind. Plazieren Sie die hohen Pflanzen an der Hinterseite, die Hängenden vorne und an den Seiten.

Halten Sie die Pflanzen am Wurzelhals

3 Sind alle Pflanzen an ihrem Platz, entfernen Sie die Töpfe (siehe S. 114). Lockern Sie die Wurzeln auf und setzen sie jede Pflanze in ein flaches Loch im Humus.

Festigen Sie die Erde mit den Fingerspitzen

4 Füllen Sie den Kasten mit frischem Humus bis 2 cm unter den Rand, und drücken ihn um jede Pflanze herum gut fest. Ausgiebig gießen, auftauchende Löcher mit Humus füllen.

SAISONGEWÄCHSE IN EINEM FENTERKASTEN

Ein neuer Einsatz zeigt sofort Wirkung

Jahreszeitenmethode
Ist ausreichend Platz vorhanden, können Sie mit verschiedenen Plastikeinsätzen für das ganze Jahr vorsorgen. Lagern Sie einen bepflanzten Einsatz an einem geeigneten Ort. Ist seine Jahreszeit gekommen, tritt er an die Stelle des Containers der vorhergehenden Saison.

Einsatzmethode
Abwechslung schaffen Sie in einem Arrangement durch zeitweiliges Hinzufügen von Pflanzen, die Sie in ihren Töpfen belassen. So lassen sich winter- und sommerblühende Pflanzen leicht einfügen, ohne das gesamte Arrangement durcheinander zu bringen.

BLUMENAMPELN BEPFLANZEN

Überhang
auf 5 cm
kürzen

Mit einer Schere
Schlitze machen

Den Wurzelball-
en durchziehen

1 Korb auf einen Eimer stellen und die Einlage zurechtschneiden. Eine Kokosfaser ist leicht zu bearbeiten und sie kann, anders als Laubmoos, wiederverwendet werden.

2 Um eine Blütenkugel aus hängenden Pflanzen zu gestalten, schneiden Sie Löcher in die Seiten. Füllen Sie den Korb bis unmittelbar unter das tiefste Loch mit Humus an.

3 Befeuchten Sie den Wurzelballen einer Pflanze, drücken ihn vorsichtig zusammen und schieben ihn durch ein Loch. Wiederholen und jeden Ballen mit Humus bedecken.

In die Mitte eine
große Pflanze geben

4 Die übrigen Pflanzen auf der Oberseite des Korbes Ihren Vorstellungen gemäß arrangieren. Pflanzen vorsichtig aus den Töpfen nehmen (siehe S. 114) und in den Korb setzen.

5 Die Löcher zwischen den Pflanzen mit Kompost anfüllen, gut andrücken. Den Einsatz 2 cm überstehen lassen, um ein Überfließen des Wassers zu verhindern.

EINEN WEIDENKORB ALS GEFÄSS VERWENDEN

1 Bestreichen Sie beide Seiten des Korbes mit drei Lagen Bootslack oder Holzlasur. Trocknen lassen. Für gute Drainage geben Sie auf den Kopf gestellte Töpfe hinein.

2 Legen Sie den Korb mit einer dicken, schwarzen Kunststofffolie aus. Achten Sie auf reichlich Überhang. Schneiden Sie einige 2,5 cm große Drainagelöcher in den Boden.

3 Bepflanzen Sie den Topf und schneiden dann die übrige Kunststofffolie bis auf 5 cm weg. Stopfen Sie die übrige Folie in den Korb, damit sie das Auge nicht stört.

DIE PFLEGE VON PFLANZEN

Pflanzen in Töpfen sind völlig von Ihrer Pflege abhängig. Der Schlüssel zur erfolgreichen Topfpflanzenaufzucht ist die richtige Versorgung mit Wasser und Nährstoffen. Denken Sie daran, daß sich die Bedürfnisse einer Pflanze mit dem Wetter und den Jahreszeiten ändern. Ein kleiner Pflanzentopf sollte bei heißem Wetter zumindest einmal täglich gegossen werden, selbst wenn es regnet, denn auch der heftigste Niederschlag kann die Erde im Sommer nicht mit ausreichend Feuchtigkeit versorgen.

PFLANZEN RICHTIG GIESSEN

Gießen Sie so viel Wasser in den Topf, bis das Wasser aus dem Drainageloch herausfließt, um den Humus mit ausreichend Feuchtigkeit zu versorgen. Ist die Erde völlig ausgetrocknet, rinnt das Wasser den inneren Topfrand entlang, ohne Feuchtigkeit zu hinterlassen.

EINE VERTROCKNETE PFLANZE WIEDERBELEBEN

Befüllen Sie eine Schüssel mit Wasser, sodaß der Rand des Blumentopfes unmittelbar unter der Wasseroberfläche liegt. Wenn keine Luftblasen mehr aufsteigen, den Topf wieder herausnehmen.

Halten Sie den Topf unter Wasser

Langsames Gießen verhindert Spritzer und Ausschwemmen des Humus

DIE GIESSKANNE

Die Blätter und Blüten einer Pflanze können wie ein Schirm wirken und das Wasser vom Humus und den Wurzeln fernhalten. Gießen Sie die Erde direkt am Fuß der Pflanze, so ist es am effektivsten. Verwenden Sie keinen Aufsatz.

Der Platz zwischen Humus und Topfrand sollte mit Wasser angefüllt sein

Ein Flaschenzug reguliert die Höhe des Korbes

FLASCHENZUG VERWENDEN

Eine hochhängende Blumenampel zu gießen ist anstrengend und lästig. Wenn Sie einen Korb an einem Flaschenzug anbringen, können Sie ihn zu sich herunterlassen. So lange gießen, bis das Wasser durch den Einsatz tropft.

Für eine gute Bewässerung Wasser langsam rinnen lassen

DER GIESSTAB

Hängt ein Korb in einer fixen Höhe, hilft der auf einen Schlauch gesteckte Gießstab (siehe S. 113). Mit geringem Druck arbeiten, damit nichts über den Rand spritzen kann.

Gießstab direkt an den Humus halten

Das Gewebe leitet das Wasser vom Eimer in die Erde

EIN SELBSTGEBAUTES BEWÄSSERUNGSSYSTEM

Kapillarmatte

Pflanzen zusammenstellen, dann die Wanne befüllen

MIT SAUGENDEM GEWEBE IMPROVISIEREN

Mit einem auf einen Sockel gestellten Wassereimer können Sie ganz leicht ein einfaches Bewässerungssystem bauen. Tauchen Sie ein Ende des Gewebes auf den Boden des Eimers und stecken Sie das andere in den Humus.

KAPILLARMATTEN

Die Böden zweier Wannen mit einer Kapillarmatte bedekken. In eine Wanne die Pflanzen geben, die andere mit Wasser befüllen. Die Matte bleibt naß, und die Pflanzen saugen durch die Drainagelöcher die Feuchtigkeit auf.

IMMERGRÜNE BLÄTTER REINIGEN

Unterstützen Sie die Rückseite

Staub und Schmutz mindern nicht nur die Schönheit einer Pflanze, sie behindern auch die Aufnahme von Feuchtigkeit und Sonnenlicht. Immergrüne Blätter sind davon besonders betroffen, denn sie leben mehrere Jahre. Sie sollten regelmäßig mit einem feuchten Tuch abgewischt werden.

TOPFPFLANZEN DÜNGEN

Etwa einen Monat nach dem Kauf haben die Pflanzen den gesamten im Humus enthaltenen Dünger aufgebraucht und benötigen regelmäßige Düngung. Welchen Dünger Sie auch verwenden, überschreiten Sie auf keine Fall die empfohlene Menge, denn zuviel Dünger schädigt die Pflanzen.

Löslicher Dünger

Flüssigdünger

Langzeitdünger

DÜNGEN

Verwenden Sie während der Blütezeit einen löslichen oder flüssigen Dünger, um das vitale Erblühen einer Pflanze zu fördern. Sie können auch zu Beginn der Wachstumsperiode eine Kapsel Langzeitdünger nahe der Pflanze in die Erde stecken. Eine Kapsel versorgt die Pflanze für etwa sechs Monate mit Nährstoffen. Befolgen Sie die Anweisungen des Herstellers.

Entfernen Sie den Humus mit einer Gabel

EINE PFLANZE KOPFDÜNGEN

Beleben Sie müde aussehende Sträucher oder winterfeste Pflanzen, indem Sie alle ein, zwei Jahre die obersten 5 cm des Humus entfernen. Langzeitdünger mit neuem Humus mischen, damit den freien Platz auffüllen und reichlich gießen.

UMTOPFEN & STUTZEN

Eine Topfpflanze kann ihrem Behälter entwachsen, was sie müde aussehen läßt und ihr Wachstum beeinträchtigt. Um zu überprüfen, ob eine Pflanze umgetopft werden muß, heben Sie diese vorsichtig aus ihrem Topf und untersuchen Sie die Wurzeln. Sind diese zu sehr zusammengepreßt, geben Sie die Pflanze in ein größeres Gefäß. Wenn Sie die Pflanze regelmäßig stutzen und die toten Enden entfernen, bleibt sie gesund und schön, neue Blätter und Blüten wachsen dadurch besser. Mit einer Gartenschere können Sie auch verschiedene Formen kreieren.

EINE PFLANZE UMTOPFEN

1 Indem Sie die Pflanze noch im alten Topf in den neuen stellen, finden sie die richtige Topfgröße heraus. Der Abstand zwischen den beiden Töpfen sollte etwa 2,5 cm betragen.

Vor dem Umtopfen prüfen, ob der neue Topf groß genug ist

2 Den Wurzelballen tränken, solange die Pflanze noch in ihrem alten Topf ist. Das erleichtert das Umtopfen und das Anwachsen im neuen Humus.

Pflanze am Wurzelhals mit einer Hand halten

3 Lockere Wurzeln werden sich im neuen Humus schnell ausbreiten, deshalb sollten Sie zusammengepreßte Wurzeln vorsichtig befreien und beschädigte oder abgestorbene entfernen. Untersuchen sie den Ballen nach Krankheiten wie Rüsselkäfern.

4 Eine Lage Scherben in den Topf geben und diese mit Humus bedecken. Gut festdrücken und die Pflanze daraufsetzen. Um den Ballen herum frischen Humus einfüllen, und mit den Fingern festdrücken.

Bis 2,5 cm unter dem Rand mit Humus befüllen

Stutzen Sie die Pflanze mit einer scharfen Schere

5 Schneiden Sie alle welken Blätter und beschädigten oder wuchernden Stengel ab, geben Sie eine Langzeitdüngerkapsel dazu (siehe S. 119), und gießen Sie kräftig.

KAKTEEN AUS IHREN BEHÄLTERN HERAUSHEBEN

MIT EINEM PAPIERSTREIFEN

Vor Kaktusstacheln müssen Sie sich schützen. Schnellwachsende Kakteen sollten alle 2-3 Jahre umgetopft werden. Einen kleinen Kaktus mit einem Papierstreifen umwickeln und damit aus dem Topf heben.

MIT GARTENHANDSCHUHEN

Ziehen Sie feste Gartenhandschuhe an, um einen empfindlichen Kaktus aus seinem Topf herauszuholen. Drehen Sie den Topf mit einer Hand um und lösen den Kaktus mit der anderen Hand vorsichtig heraus.

EINE EFEUPYRAMIDE ZIEHEN

1 Die Efeutriebe seitwärts um den Rahmen winden, um den Nachwuchs von Seitentrieben zu fördern. So bildet sich ein dichter Vorhang über dem Metallgerüst heran.

2 Winden Sie den Efeu so lange seitwärts um den Rahmen, bis er vollständig bedeckt ist. Zwicken Sie die Triebspitzen jedes Stengels ab, um die Pflanze buschig und klein zu erhalten.

FORMBÄUME SCHNEIDEN

EINE BUCHSBAUMKUGEL

Den Buchsbaum mit einer scharfen Gartenschere zurechtschneiden. Öfter ein paar Schritte zurückgehen, um das Gesamtbild zu überprüfen.

EINJÄHRIG BLÜHENDE PFLANZEN STUTZEN

GROSSE BLÜTEN ENTFERNEN

Zwicken Sie welke Blüten mitsamt der Samenkapsel mit Daumen und Zeigefinger ab, so kommen den ganzen Sommer hindurch neue Blüten.

KLEINE BLÜTEN ENTFERNEN

Manche Blüten sind zu klein, um einzeln entfernt zu werden. Schneiden Sie welke Stengel zurück, um die Pflanze gepflegt zu halten.

EINE ROSE STUTZEN

EINE RANKE ENTFERNEN

Verblühte Ranken bis zum ersten nach außen zeigenden Blatt zurückzuschneiden fördert neue Triebe und schützt sie vor dem Verwelken.

PFLANZEN VERMEHREN

Wenn Sie Freude an der Haltung von Topfpflanzen haben, möchten Sie vielleicht auch neue Pflanzen ziehen. Selbst wenn ein Fenstersims Ihr einzig möglicher Platz für einen Garten ist, lassen sich Ableger von mehrjährig blühenden Pflanzen wie Fuchsien oder Pelargonien oder auch Samen verwenden, um daraus neue zu ziehen. Viele krautartige Pflanzen vermehren sich durch Teilung und können sofort in anderen Gefäßen angesetzt werden. Wenn sich ausgewachsene Pflanzen vor dem Winterfrost nicht schützen lassen, verwenden Sie diese Methode, um sie im nächsten Sommer zu ersetzen.

EINEN SETZLING MACHEN

Blattstengel dort abschneiden, wo er auf den Hauptstengel trifft

Beim Schneiden die Pflanze nicht verletzen

1 Nehmen Sie einen gesunden, jungen Trieb, der nicht blüht. Mit einem scharfen Messer schneiden Sie ihn diagonal durch, von der Spitze bis unterhalb des dritten Blattansatzes.

2 Legen Sie den Setzling auf eine flache Unterlage. Entfernen Sie alle Blätter bis auf die beiden obersten und alle Blütenknospen, damit kein Wasser durch die Poren verloren geht.

3 Mit einem glatten Schnitt teilen Sie den Stengel bis zum ersten Blattansatz. Vermeiden Sie ausgefranste Kanten, denn diese könnten zu faulen beginnen. Tauchen Sie das frisch abgeschnittene Wurzelende in eine Hormonlösung.

EINEN SETZLING IM WASSER ZIEHEN

Setzlinge mancher Pflanzen wie dem Fleißigen Lieschen, der Dreimasterblume und Begonie schlagen im Wasser sehr schnell Wurzeln. Nehmen Sie einen etwa 10 cm langen Setzling, entfernen Sie bis auf die obersten alle Blätter, und geben ihn in ein kleines Wasserglas. Pflanze in Humus einsetzen, wenn die Wurzeln 2-4 cm lang sind.

4 Gießen und den Humus fest hineindrücken. Mit einem Setzholz oder einem Bleistift stechen Sie ein Loch und geben die Pflanze hinein. Stellen Sie den Topf an einen warmen, hellen Platz, und meiden Sie direkte Sonne. Bewässern Sie von unten.

Geben Sie den Setzling in ein 2,5 cm tiefes Loch

PFLANZEN AUS SAMEN ZIEHEN

1 Geben Sie etwas Kies in eine Saatschale oder einen Topf. Füllen Sie Aussaaterde fast bis zum Rand hinein. Leicht festdrücken, von unten bewässern. Dünn aussäen, anschließend mit etwas Kompost bedecken.

Die Samen gleichmäßig verteilen

2 Den Topf mit einer durchsichtigen dünnen Plastikfolie umhüllen und festziehen. Stellen Sie den Topf an einen hellen Platz mit gleichmäßiger Wärme, aber nicht in direktes Sonnenlicht.

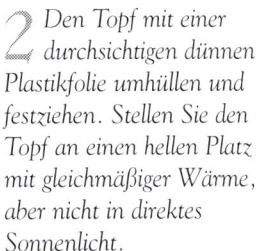

Ziehen Sie die Folie straff, um die Feuchtigkeit zu bewahren

3 Sind die Sämlinge groß genug, nehmen Sie eine Gabel, um ein Büschel der jungen Pflanzen herauszuheben. Gehen Sie sehr sorgfältig vor, um die Wurzeln nicht zu verletzen.

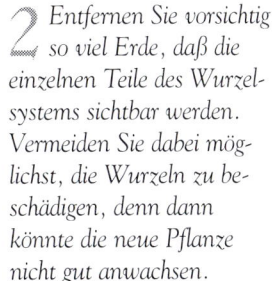

4 Füllen Sie einen Topf mit Humus. Halten Sie die Sämlinge an den Blättern, um die Wurzeln nicht zu beschädigen. Setzen Sie die Sämlinge in 2,5 cm tiefe und 4 cm voneinander entfernte Löcher. Drücken Sie die Erde fest, und bewässern Sie sie von unten.

EINE KRÄUTERPFLANZE TEILEN

1 Eine dem Topf entwachsene Kräuterpflanze kann in mehrere Pflanzen geteilt werden. Um sie aus dem Topf zu entfernen, halten Sie den Wurzelstamm zwischen den Fingern und ziehen den Ballen heraus.

2 Entfernen Sie vorsichtig so viel Erde, daß die einzelnen Teile des Wurzelsystems sichtbar werden. Vermeiden Sie dabei möglichst, die Wurzeln zu beschädigen, denn dann könnte die neue Pflanze nicht gut anwachsen.

3 Suchen Sie die natürlichen Teilungspunkte des Wurzelballens. Teilen Sie den Wurzelballen ganz vorsichtig mit den Daumen. Um eine starke Pflanze zu teilen, schneiden Sie den Wurzelballen mit einem scharfen Messer auseinander.

Den Wurzelballen teilen

4 Setzen Sie die Pflanzen in eigene Töpfe. Gießen Sie die Pflanzen gut. Neue Triebe zeigen an, daß die Pflanzen im neuen Humus angewachsen sind. Vier bis sechs Wochen nach dem Setzen sollten die Pflanzen flüssig gedüngt werden.

Drücken Sie den Humus fest

KRANKHEITEN & SCHÄDLINGE

Vernachlässigung in der Pflege schadet einer Pflanze ebenso wie Krankheiten und Schädlinge. Ihre Pflanzen bleiben gesund, wenn Sie um deren spezielle Bedürfnisse Bescheid wissen und diese auch entsprechend berücksichtigen. Mit Hilfe dieser Tabelle können Sie eventuell auftretende Probleme zuverlässig identifizieren und ganz einfach wirksame Gegenmaßnahmen ergreifen.

PROBLEM	SYMPTOME UND URSACHEN	BEKÄMPFUNG
VERFÄRBTE BLÄTTER	Verfärbungen von Blättern treten häufig auf. Sie können von Schädlingen wie Röhrenläusen oder Spinnmilben, von Krankheiten wie Mehltau, Viren, Trockenheit, Sonne- oder Windschäden sowie Nährstoffmangel herrühren.	Untersuchen Sie sorgfältig die Vorder- und Rückseite der Blätter, den Stamm und die Wurzeln. Diesen beiden Buchseiten helfen Ihnen, das Problem Ihrer Pflanzen zu erkennen und entsprechende Gegenmaßnahmen zu setzen.
VERWACHSENE WURZELN	Am Topf angewachsene Wurzeln beeinträchtigen den Wuchs. Die Pflanze ist in diesem Fall dem Topf entwachsen. Die Wurzeln verfilzen den Humus, was die Aufnahmefähigkeit von Nährstoffen und Wasser beeinträchtigt.	Lösen Sie die Wurzeln vorsichtig vom Ballen, schneiden Sie die längsten Teile ab. In einen größeren Topf umsetzen, gut gießen und düngen. Die Wurzeln regelmäßig kontrollieren, wenn notwendig erneut umtopfen.
LÖCHER IN BLÄTTERN UND BLÜTEN	Löcher in Blättern und Blüten entstehen durch gefäßige Schädlinge. Ohrenkriecher, Schnecken, Erdflöhe, Raupen, Läuse, Rüsselkäfer und sogar Bienen kommen als Verursacher dieses Problems in Frage.	Entfernen Sie die Schädlinge mit der Hand oder mit einer feinen Wasserdüse. Bekommen Sie das Problem so nicht in den Griff, greifen Sie zu einem Pestizid. Befolgen Sie die Anweisungen des Herstellers.
MEHLTAU	Dieser weiße, staubige Pilz kann jede Pflanze befallen und deren Entlaubung herbeiführen. Er tritt an den Oberseiten von Blättern, auf Blüten, Stengeln und Früchten auf. Ursache dafür sind zumeist ausgetrocknete Wurzeln.	Entfernen Sie befallene Blätter sofort. Läßt sich der Mehltaubefall dadurch nicht stoppen, verwenden Sie ein geeignetes Fungizid. Sorgen Sie dafür, daß die Wurzeln auf keinen Fall austrocknen. Nicht von oben gießen.
SCHWARZFLECKIGKEIT	Diese bakterielle Krankheit tritt bei warmer, feuchter Witterung in Form von schwarzen Kreisen (oder Flecken) an Rosenblättern auf. Die befallenen Blätter werden gelb und sterben ab. Starker Befall entlaubt die Pflanze.	Die Blätter bei ersten Anzeichen von Befall entfernen und die Pflanze mit Fungizid besprühen. Die Blätter nicht mit Wasser in Kontakt bringen. Bleibt die Krankheit, ersetzen Sie die Rose durch eine widerstandsfähigere Sorte.

PFLANZENPROBLEM	SYMPTOME UND URSACHEN	BEKÄMPFUNG
RING-FLECKEN	Ringe, Sprenkel und Streifen an den Blättern sind oft eine Folge von Viren, von denen viele Pflanzenarten befallen werden können. Manche werden durch Schädlinge (Blattläuse) übertragen, andere entstehen im Samen.	Es gibt kein wirksames Mittel gegen Virenbefall. Verbrennen Sie die befallenen Pflanzen sofort, reinigen Sie das Gefäß mit verdünntem Desinfektionsmittel. Kaufen Sie grundsätzlich nur garantiert virenfreie Pflanzen.
MAGNESIUM-MANGEL	Gelbe Verfärbungen zwischen den Blattadern von säureliebenden Pflanzen deuten auf Magnesiummangel hin. Die Ursache ist möglicherweise eine Überdüngung mit Kaliumkarbonat.	Gießen Sie die Erde ausgiebig, besprühen Sie die Blätter mit Magnesiumsulfat oder einem Dünger für säureliebende Pflanzen. Im Frühjahr oder Sommer in kalkfreie Erde umtopfen.
WELKE	Welke Blätter sind eine Folge von Trockenheit. Von unten beginnend werden die Blätter zuerst gelb, dann braun und fallen schließlich ab. Ohne Gegenmaßnahme erfolgt eine völlige Entlaubung der Pflanze.	Bleibt der Großteil der Blätter grün, sollte die Pflanze überleben können. Gießen Sie, bis sich der Topf merkbar schwerer anfühlt, oder tauchen Sie den Topf solange unter Wasser, bis keine Luftlasen mehr aufsteigen.
BLATT-LÄUSE	Schwerer Befall von saftsaugenden Blattläusen an Stengeln, Knospen und Blättern hemmt den Wuchs, verunstaltet Triebe und Blüten und bedeckt die Blätter mit klebrigem Honigtau.	Kleine Blattlauskolonien können Sie mit den Fingern von den Blättern abreiben. Stattdessen können Sie auch eine Sprühflasche mit Geschirrspülmittel oder Pestizid verwenden.
ROTE SPINN-MILBEN	Ein feines, seidiges Gewebe an der Pflanze ist ein Hinweis auf einen Befall mit Roten Spinnmilben. Man findet Sie an der Unterseite von feinen, gelbbraun-gesprenkelten Blättern. Die Blätter fallen in der Folge ab.	Behandeln Sie die gesamte Pflanze mit Pestizid oder Insektenseife. Manche Insekten sind gegen chemische Mittel resistent. Versuchen Sie die Raubmilbe *Phytoseiulus persimilis* anzusiedeln, die die Spinnmilben frißt.
SCHAUM ZIKADEN	Schaumige weiße Tropfen im Frühsommer, auch als „Kuckucksspeichel" bekannt. Schaumzikaden nehmen den Pflanzensaft auf und verunstalten junge Triebe, richten aber kaum Schaden an.	Es sind keine Maßnahmen notwendig. Wollen Sie trotzdem etwas gegen die Schaumzikaden unternehmen, können Sie sie mit der Hand oder einer sanft eingestellten Sprühdüse entfernen.
RÜSSELKÄFER	Vom Spätsommer bis zum Frühjahr zernagen die fetten, weißen Rüsselkäferlarven die Wurzeln, und die Pflanzen sterben ab. Fertig entwickelte Käfer fressen die Blätter während der Nacht.	Biologische Bekämpfung ist die einzig sinnvolle. Gießen Sie den Humus im Sommer mit Wasser, das parasitäre Fadenwürmer enthält. Diese werden die Rüsselkäferlarven auffressen.

GÄRTNER-LEITFADEN

BEEINDRUCKENDES BLATTWERK
Blütenpflanzen verleihen jedem
Ensemble kräftige Farben, aber auch
die Strukturen und Farbschattierungen
von Blättern haben ihren Reiz.

Die Pflanzen auszuwählen gehört zu den aufregendsten Momenten der Gartenarbeit, denn die Auswahl ist riesig. Einjährig Blühendes ist sehr beliebt, aber auch viele Sträucher, Kletterpflanzen und Knollenpflanzen – darunter Gräser und Farne – gedeihen in Gefäßen und beleben ein Arrangement. Das *Pflanzenregister* hilft Ihnen bei der Auswahl, indem es die Eigenschaften und Bedürfnisse aller in diesem Buch behandelten Pflanzen genau beschreibt.

LEBENDIGE FARBE
Für üppige Blüten- und Farben-
pracht sorgen einjährig blühende
Pflanzen, etwa das Fleißige
Lieschen und die Pelargonien.

PLANZENREGISTER

SYMBOLE

Die Symbole geben über die idealen Wachstumsbedingungen der angeführten Pflanzen Auskunft.
Gedeiht eine Pflanze bei unterschiedlichen Licht-
verhältnissen, finden Sie mehrere Lichtsymbole.

LICHT		HUMUS		FROSTHÄRTE	
☼	Sonne	◖	naß	✳✳	winterfest
☀	Halbschatten	◗	feucht	✳	frosthart
✴	Schatten	◌	trocken		empfindlich

A

Abutilon ‚Orangeade‘ (Schönmalve)
☼ ◌ ✳

Frostfester Strauch mit schönen,
ahornähnlichen Blättern; trägt im
Sommer und Herbst tief-orangen-
farbene Blüten.

Acaena ‚Blue Haze‘
(Stachelnüßchen)
☼ ◗ ✳✳✳

Niedrigwachsende, winterharte
Pflanze mit kleinen, stahlgrauen
Blättern; vom Spätsommer bis zum
Herbst runde, rostfarbene Blüten.

Acaena microphylla
‚Kupferteppich‘ (Stachelnüßchen)
☼ ◌ ✳✳

Kupfergetöntes, mattenbildendes
Blattwerk macht diese Pflanze zum
idealen Bodenschmuck; hängt vom
Rand des Gefäßes herab.

Acanthus mollis (Akanthus)
☼ ☀ ◗ ✳✳

Beeindruckende winterfeste Pflanze
mit glänzenden, teilweise immergrünen Blättern; an langen Stengeln
sprießen röhrenförmige Blüten; wird
bis zu 1,2 m hoch.

Acer palmatum var. dissectum
(Japanischer Ahorn)
☀ ◌ ✳✳

Feinstrukturierte, alljährlich abfallen-
de Blätter verleihen einem Ensemble
japanischen Touch. Die grünen Blätter werden im Herbst leuchtend rot.
Der langsame, buschige Wuchs macht
den Japanischen Ahorn zu einer guten Topfpflanze. Junge Pflanzen vor
der Morgensonne schützen.

Adiantum raddianum
(Frauenhaarfarn)
☀ ✴ ◖ ✳✳

Zarter, winter- oder frostfester Farn
mit sehr feinen, hellgrünen Blättern
an drahtigen, fast schwarzen Stengeln; gedeiht in feuchtem, neutralem
oder säurehaltigem Boden und verschönert jeden schattigen Platz.

Aeonium arboreum ‚Zwartkop‘

Aeonium arboreum ‚Zwartkop‘
☼ ◌

Winterfeste Sukkulente mit fleischigen, satt purpurfarbenen Rosetten-
blättern auf hellbraunen Stämmen;
erinnert an Ikebana.

Agave americana ‚Variegata‘
(Hundertjährige Aloe)
☼ ◌

Winterfeste Sukkulente mit scharfen,
schwertähnlichen, blaugrünen Blättern mit blassgelben Rändern; aus
Sicherheitsgründen an der Rückseite
einer Gruppe anpflanzen.

Ageratum (Leberbalsam)
☼ ☀ ◗ ✳✳

Prachtvolle, langsam wachsende einjährig blühende Pflanze; im Sommer
pinselähnliche Blüten in intensivem
Blau, Rosa oder Weiß. Zu den oftma-
lig blühenden Sorten gehören ‚Blue
Champion‘ und ‚White Champion‘.

Allium karataviense
(Blauzungenlauch)
☼ ☀ ◗ ✳✳

Im Frühjahr blühendes Ziergewächs aus
der Familie der Lauchpflanzen mit
breiten, blaugrünen Blättern und großen, runden, rosafarbenen Blüten.

Allium schoenoprasum

(Schnittlauch)

☼ ✻ 💧 ❄ ❄

Unverzichtbar in der Küche, zudem eine schöne Pflanze; röhrenförmiges Blattwerk mit kleinen, runden, malvenfarbenen Blüten.

Aloe variegata

(Aloe)

☼ 💧

Geometrisch strukturierte Sukkulente mit interessant gezeichneten, schaufelartigen Blättern; wird kaum größer als 20 cm.

Anchusa capensis ‚Blue Angel'

(Ochsenzunge)

☼ ✻ 💧 ❄ ❄

Buschiger und pflegeleichter Strauch; trägt eine Fülle kräftig-blauer Blüten.

Anemone blanda ‚Atrocaerulea'

(Vorfrühlingsanemone)

✻ ✳ 💧 ❄ ❄

Schattenverträgliche Knolle; trägt im Frühjahr gänseblümchenartige, sternförmige blaue Blüten.

Anethum graveolens (Dill)

☼ ◊ ❄ ❄

Unverzichtbar in der Küche; fedriges Blattwerk mit flachen, senfgelben Blütenköpfen.

Antirrhinum majus

‚White Wonder' (Gartenlöwenmaul)

☼ 💧 ❄ ❄

Diese mittelgroße Gartenlöwenmaul-Sorte entwickelt während des gesamten Sommers reinweiße Blüten, wenn man die welken regelmäßig entfernt.

Anchusa capensis ‚Blue Angel'

Aralia elata ‚Variegata'

(Japanischer Angelicabaum)

☼ ✻ 💧 ❄ ❄

Laubwechselnder Baum mit außergewöhnlichen Blattformen; trägt im Sommer zudem wogende, weiße Blütenköpfe; den welken Wuchs im Frühjahr entfernen.

Argyranthemum frutescens

(Strauchmargerite)

☼ ✻ 💧

Produziert eine große Menge an weißen, gänseblümchenartigen Blüten; gedeiht an der prallen Sonne, verträgt aber auch etwas Schatten.

Asplenium nidus

(Nestfarn)

✻ ✳ 💧

Der immergrüne Nestfarn hat breite, flache, hellgrüne Blätter. Er ist nicht winterfest.

Asplenium scolopendrium

(Streifenfarn)

✻ ✳ 💧 ❄ ❄

Eine winterfeste immergrüne Pflanze mit einer großen Menge an schlanken, sich wiegenden Blättern in leuchtendem Grün; gedeiht in feuchten, alkalischen Böden.

B

Bacopa ‚Snowflake'

(Kleine Schneeflocke)

☼ ✻ 💧 ❄

Wird zumeist als einjährig blühende Pflanze gezogen; bildet einen Teppich aus kleinen, runden Blättern und weißen Blüten.

Ballota pseudodictamnus

(Schwarznessel)

☼ ◊ ❄

Eine Blattpflanze, deren grau-grüne Blätter von feinen weißen Haaren bedeckt sind; sieht filzig aus. Im Sommer entstehen kleine, rosa Blüten.

Begonia elatior (Begonie)

✻ 💧 ❄

Aufrecht wachsende Varietät der Begonie; hat gezeichnete Blätter und trägt im Sommer kleine Blüten; wird aus Samen gezogen.

Begonia pendula (Begonie)

✻ 💧 ❄

Die hängenden Zwillingsblüten sind ideal für Blumenampeln.; ‚Illumination' hat hübsche, rosafarbene Blüten.

Begonia × tuberhybrida

(Knollenbegonie)

✻ 💧 ❄

Trägt den gesamten Sommer hindurch riesige, gekräuselte Blüten. Die Knollen lassen sich trocknen, lagern und im nächsten Jahr wieder verwenden. ‚Sensation Yellow' hat gelbe, gefüllte Blüten; ‚Non-stop' hat ebenfalls gefüllte Blüten; in Rot, Rosa, Gelb, Weiß und Orange erhältlich.

Berberis thunbergii ‚Rose Glow'
(Thunbergs Berberitze)

☀ ◊ ❋ ❋

Blattwechselnder Strauch mit bordeau-, rosa- und cremefarben gesprenkelten Blättern; hat im Frühjahr gelbe Blüten, die man entfernt, um den Blattnachwuchs zu fördern.

Bidens ferulifolia (Zweizahn)

☀ ◐ ◊

Mehrjährig blühend, zart; wird oft als einjährig blühende Pflanze gezogen; hängende, farnähnliche Blätter; im Sommer sehr viele leuchtend goldene Blüten; welke Blüten auszupfen.

Blechnum spicant (Rippenfarn)

◐ ☀ ◊ ❋ ❋

Dieser immergrüne, winterharte Farn hat schmale, spitze, ledrige Blätter mit gezackten Rändern. Er verträgt trockenere und kältere Bedingungen als die meisten Farne.

Brachycome multifida
(Blaues Gänseblümchen)

☀ ◊ ❋

Diese einjährige blühende Pflanze produziert eine große Menge an blaue Blüten mit goldenen Augen; wird auch in Weiß und Rosa angeboten.

Bracteantha bracteata
‚Bright Bikini'
(Gartenstrohblume)

☀ ◐ ◊

Die einjährige blühende Pflanze gibt es in vielen leuchtenden Farben; an einem trockenen Platz aufgehängt, läßt sie sich als Trockenblume weiterverwenden.

Buxus sempervirens (Buchsbaum)
◐ ☀ ◊ ❋ ❋

Der Zwergbuchsbaum ist schattenverträglich und kann zu interessanten Formen zurechtgestutzt werden; gute Pflanze für formelle Gruppen; trägt ungestutzt im Frühjahr kleine Blüten.

C

Calendula officinalis
(Gartenringelblume)

☀ ◊ ❋ ❋

Produziert den ganzen Sommer hindurch Blüten in creme- bis tieforangefarbenen Tönen.

Camellia japonica
‚Alba Simplex' (Kamelie)

◐ ☀ ◊ ❋ ❋

Säureliebende Pflanze; trägt im Frühjahr einzelne, weiße Blüten; schimmernde, immergrüne Blätter erfreuen das ganze Jahre hindurch.

Carex comans ‚Bronze Form'
(Segge)

☀ ◊ ❋ ❋

Winterfestes Gras mit schmalen, bronzefarbenen Blättern; im Spätsommer kleine rostbraune Blüten.

Camellia japonica ‚Alba Simplex'

Centaurea cyanus ‚Blauer Busch'
(Kornblume)

☀ ◊ ❋ ❋

Sind sehr leicht aus Samen zu ziehen. Blau ist die gängigste Blütenfarbe, es gibt auch purpur- und rosafarbene, rote und weiße Sorten.

Chamaerops humilis
(Zwergpalme)

☀ ◐ ◊

Langsam wachsende, immergrüne Palme mit zarten, fächerartigen, glänzenden Blätter. In einem ausreichend großen Topf kann sie eine Höhe von 1,5 m erreichen.

Choisya ternata ‚Sundance'
(Mexiko-Orange)

☀ ◐ ◊ ❋ ❋

Die glänzenden, goldenen Blätter dieses immergrünen Strauches erhellen jedes düsteres Eck; duftende, strahlend weiße Blüten entstehen im Frühsommer und eventuell noch einmal im Frühherbst.

Clematis campaniflora (Waldrebe)
☀ ◐ ◊ ❋ ❋

Ab der Mitte des Sommer bis zum Herbst trägt diese kleinblütige Pflanze weiße, leicht lilafarben getönte Blüten. Man sollte Sie im Frühjahr zurückschneiden.

Clematis flammula (Waldrebe)
☀ ◐ ◊ ❋ ❋

Im Spätsommer entstehen nach Mandeln duftende, weiße Blüten. Einen sehr milden Winter können die Blätter möglicherweise überstehen. Die Pflanze wird bis zu 4,5 m hoch.

Clematis ,Vino' (Waldrebe)

✿ ✹ ◐ ❋ ❋

Eine großblütrige Hybride mit weinroten Blütenblättern und gelben Staubgefäßen; blüht im Frühsommer und nochmals im Frühherbst. Zu Frühjahrsbeginn den Wuchs der Vorsaison um ein Drittel stutzen.

Convolvulus cneorum (Winde)

✿ ◊ ❋

Von Frühsommer bis Herbst sprießen bei diesem Strauch weiße Blüten aus eng zusammengerollten Knospen; die Blätter schimmern wie Perlen.

Convolvulus sabatius
syn. C. mauritanicus (Winde)

✿ ◐

Zarte, herabhängende, mehrjährig blühende Pflanze; sehr gut für Blumenampeln geeignet; trägt im Sommer und im Herbst blauviolette Blüten .

Cordyline australis ,Torbay Dazzler'
(Keulenlilie)

✿ ✹ ◊ ❋

Eine eindrucksvolle, geometrisch geformte Pflanze; die bronze-, rosa-, und cremefarben-gestreiften Blätter sind schmal und schwertförmig.

Corylus avellana ,Contorta'
(Korkenzieherhasel)

✿ ◐ ❋ ❋

Wird im Winter wegen ihrer verwinkelten Zweige und im Frühjahr wegen ihrer Weidenkätzchen geschätzt. Von Frühjahr bis Herbst ist sie mit großen, grünen Blättern bedeckt. Ist ein Exemplar zu dicht bewachsen, entfernen Sie die abgestorbenen Zweige.

Crocosmia ,Lucifer'

Cosmos sulphureus
,Ladybird Scarlet' (Kosmee)

✿ ◐

Attraktive einjährig blühende Pflanze mit farnähnlichen Blättern und tiefroten, becherförmigen Blüten; weitere Sorten in Weiß, Gelb, Rosa und Orange erhältlich.

Crocosmia ,Emily McKenzie'
(Montbretie)

✿ ✹ ◐

Diese von Knollen gezogene Pflanze hat aufragende, schwertähnliche Blätter und im Spätsommer orange, schornsteinförmige Blüten.

Crocosmia ,Lucifer' (Montbretie)

✿ ✹ ◐

Diese Crocosmia-Sorte blüht etwa einen Monat vor ,Emily McKenzie' (siehe oben) und hat scharlachrote Blüten. Ausgegrabene Zwiebeln lassen sich überwintern.

Crocus (Krokus)

✿ ✹ ◐

Die meisten Varietäten dieser im Winter und Frühjahr blühenden Knollenpflanze tragen samtige, duftende Blüten in Farben in Weiß, Creme, Gelb, Blau und Purpur.

Cyclamen hederifolium
(Alpenveilchen)

✹ ◊ ❋

Die kleine Blüten dieses Knollengewächses treten im Herbst in Farben von Tiefrosa über Malve bis zu Weiß auf; ovale, silbrig gezeichnete Blätter; pflanzt sich selbständig fort.

D

Dahlia ,Yellow Hammer' (Dahlie)

✿ ✹ ◐

Einjährige blühende Zwergdahlie; trägt von der Mitte des Sommers bis in den Herbst gelbe Einzelblüten; erreicht eine Höhe von etwa 40 cm; als Schnittblume gut geeignet.

Diascia ,Blackthorn Apricot'
(Diascie)

✿ ✹ ◐

Blüht wiederholt während des Sommers; die Blütenblätter haben einen weichen Pfirsich-Aprikotton; vermehrt sich durch im Spätsommer abgetrennte Setzlinge.

Diascia rigescens (Diascie)

✿ ✹ ◐

Frostempfindliche mehrjährig blühende Pflanze mit herabhängenden Stengeln und kleinen herzförmigen Blättern; im Sommer halb aufrechte Spitzen mit rosafarbenen Blüten.

Diascia vigilis ,Elliott's Variety'
(Diascie)

✿ ✹ ◐

Diese einen Teppich bildende Sorte ist eine der robustesten ihrer Art und trägt von Hochsommer bis Herbst Spitzen mit rosafarbenen Blüten.

E

Eccremocarpus scaber
(Schönranke)

☼ ✺ ◐

Exotische anmutende Kletterpflanze mit feurig-orangefarbenen Blüten; wächst an einer Stütze rasch empor; im Winter vor Frost schützen.

Echeveria elegans (Echeverie)

☼ ◐ Frostschutz unter 7° C

Die Rosetten dieser fleischigen, blaugrünen Sukkulente tragen orangefarbene Stengel mit kleinen, gebündelten korallenfarbenen Blüten an ihrer Spitze.

Echeveria-Hybride

☼ ◐ Frostschutz unter 7° C

Die Rosetten dieser Sukkulente entwickeln ständig neue kleine Ableger. Sobald diese Wurzeln gebildet haben, lassen sie sich anpflanzen; zuviel Feuchtigkeit vermeiden, denn die Wurzeln könnten verfaulen.

Epimedium × versicolor
,Sulphureum' (Elfenblume)

✺ ✳ ◐ ❄ ❄

Bodendeckende, mehrjährig blühende Pflanze mit schlanken Stengeln und herzförmigen Blättern, die im Frühjahr leicht rötlich werden; zarte gelbe Blüten sprießen im Frühjahr.

Erythronium ,Pagoda'
(Hundskopf)

✺ ✳ ◐ ❄ ❄

Diese Knollenpflanze aus Waldgegenden fühlt sich im Halbschatten wohl und trägt im Frühjahr herabhängende, hellgelbe Blüten.

Eschscholzia californica ,Dali'
(Kalifornischer Mohn)

☼ ◐ ❄

Einjährig blühende Pflanze mit leuchtend scharlachroten Blüten und feinen graugrünen Blättern; kann aus Samen gezogen werden.

Euonymus fortunei
,Emerald Gaiety' (Pfaffenhütchen)

✳ ✳ ◐ ❄ ❄

Kleiner, buschiger, Strauch; ideal für schattige Orte; bei Kälte erhalten die gün-weiß gesprenkelten Blätter eine rosafarbene Tönung.

Euonymus fortunei
,Emerald 'n' Gold'
(Buntlaubiges Pfaffenhütchen)

✳ ✳ ◐ ❄ ❄

Gold-grün gesprenkelte Sorte; bringt Wärme und Licht in dunkle Ecken.

Euonymus fortunei
,Gold Tip' (Pfaffenhütchen)

✳ ✳ ◐ ❄ ❄

Die Spitzen der Blätter sind gold- bis cremefarben umrandet. Die beliebte Sorte ,Sunspot' hat in der Mitte jedes Blattes einen goldene Fleck.

Epimedium × versicolor ,Sulphureum'

Euonymus japonicus ,Macrophyllus'
(Spindelstrauch)

☼ ✳ ◐ ❄

Dieser aufrechte, immergrüne Strauch ist größer als Euonymus fortunei und hat ovale, dunkelgrüne Blätter.

Euphorbia griffithii
,Fireglow' (Wolfsmilch)

☼ ✳ ◐ ❄ ❄

Buschige winterfeste Pflanze mit schlanken grünen Blättern mit ziegelroten Adern; feurig-orangefarbene Blütenköpfe im Hochsommer; pflanzt sich durch Teilung im Frühjahr fort. Ihr Saft reizt Haut und Augen.

F

Fargesia murieliae ,Simba'
(Schirmbambus)

✳ ✳ ◐ ❄ ❄

Immergrüne Bambussorte; produziert sehr viele schmale, spitze, hellgrüne Blätter auf Rohren; kann in einem großen Gefäß eine Höhe von bis zu 4,5 m erreichen.

Fatsia japonica
(Zimmeraralie)

✳ ✳ ◐ ❄ ❄

Immergrüne Strauch; ist mit seinen großen, glänzenden, handförmigen Blättern eine gute Pflanze für den Schatten. Im Spätherbst trägt er gebündelte kleine weiße Blüten.

Felicia amelloides ,Variegata'
(Kapaster)

☼ ✳ ◐

Dieser Strauch hat cremefarben und grün gefleckte Blätter, im Sommer blaue, gänseblümchenartige Blüten.

Felicia bergeriana
(Kapaster)

☼ ◑ ❋ ❋

Schnellwachsende einjährig blühende Pflanze; kleine blaue Blüten mit goldenen Kelchen und grünen Blätter.

Festuca glauca ‚Elijah Blue'
(Blauschwingel)

☼ ◑ ❋ ❋

Die nadelförmigen Blätter dieses immergrünen Grases sind graublau schattiert. Es hat im Sommer lange Blütenähren und pflanzt sich durch Teilung im Frühjahr fort.

Fuchsia (Fuchsie)

☼ ❂ ◑ ❋

Dieser Strauch – es gibt hängende und aufrecht wachsende Sorten – trägt während des gesamten Sommers zarte Blüten; läßt sich zu einer Form ziehen, etwa zu einem Ring.

G

Gaillardia pulchella ‚Red Plume'
(Malerblume)

☼ ◑ ❋ ❋

Einjährige blühende Pflanze; produziert viele weiche, runde Blüten in satten, goldenen und roten Schattierungen von Sommer bis Spätherbst. Es gibt auch einblütrige Exemplare.

Glechoma hederacea ‚Variegata'
(Gefleckte Gundelrebe)

☼ ❂ ◑ ❋ ❋

Herabhängende, immergrüne Pflanze mit langen Stengeln und runden grün-cremefarben gesprenkelten Blättern. Sie ist wuchskräftig und profitiert von regelmäßigem Stutzen.

Hakonechloa macra ‚Aureola'

H

Hakonechloa macra ‚Aureola'

☼ ❂ ◑ ❋ ❋

Eindrucksvolles, mehrjähriges Zwerggras; hat im Frühjahr und Sommer grün-goldenes Blattwerk, das im Herbst rot und dann braun wird.

Hedera canariensis ‚Gloire de Marengo' (Efeu)

☼ ❋ ◑ ❋

Efeu mit großen grün-cremefarbenen Blättern und purpurfarbenen Stengeln; ist nicht so winterfest wie andere Efeusorten und muß deshalb vor strengem Frost geschützt werden.

Hedera helix ‚Esther'
(Efeu)

☼ ❋ ◑ ❋ ❋

Dieser Efeu mit kleinen, weißumrandeten Blättern wächst schnell; eignet sich für eilende Verschönerungen.

Hedera helix ‚Eva'
(Efeu)

☼ ❋ ◑ ❋

Die kleinen Blätter dieser Sorte sind grün mit cremefarbenen und weißen Flecken. Sie ist nicht winterfest und wird bei Frost schadhaft.

Hedera helix ‚Glacier'
(Efeu)

☼ ❋ ◑ ❋ ❋

Eine der besten für Gefäße geeigneten Efeusorten. Sie hat silber- und cremefarbene Flecken auf ihren kleinen, dreieckigen Blättern

Hedera helix ‚Goldherz'
(Efeu)

☼ ❋ ◑ ❋ ❋

Die dunkelgrünen Blätter dieses Efeus sind in der Mitte goldfarben; macht ihn ideal für düstere Ecken. ‚Golden Ingot' hat unregelmäßige Flecken und unverwechselbare, spitze Blattflügel.

Hedera helix ‚Pittsburgh'
(Efeu)

☼ ❋ ◑ ❋ ❋

Efeu mit kleinen, dunkelgrünen Blättern mit einem schimmernden Bronzestich, besonders bei kaltem Wetter.

Helichrysum petiolare
(Eisenkraut)

☼ ❂ ◌ ❋

Die runden, filzigen, silbrigen Blätter dieses herabhängenden Strauches, eignen sich sehr gut zum Abrunden von Gefäßecken. ‚Aureum' ist eine große, goldblättrige Sorte, ‚Microphyllus' hat kleine silberne Blätter.

Helictotrichon sempervirens
(Blaustrahlhafer)

☼ ◑ ❋ ❋

Imposantes, immergrünes, mehrjähriges Gras mit stahlblauen Blättern; im Sommer massenhaft strohfarbene Blüten an aufrechten Stengeln, die eine Höhe von bis zu 1,2 m erreichen.

Holcus mollis ‚Albovariegatus‘
(Weiches Honiggras)

☼ ❋ ◗ ❄❄

Immergrünes, winterfestes Gras; produziert grün-weiß-gesprenkelte Blätter, die im Frühjahr und im Herbst, wenn die neuen Triebe spießen, am kräftigsten leuchten.

Hosta undulata var. univittata
(Funkie)

❋ ❋ ◗ ❄❄

Mehrjährig blühende Pflanze mit welligen, gedrehten, grün-weiß-gesprenkelte Blätter; trägt im Sommer blasse, malvenfarbene Blüten.

Hosta ventricosa var. aureomaculata
(Funkie)

❋ ❋ ◗ ❄❄

Eine weitere als Topfpflanze gutgeeignete Funkie. Sie hat stark gerippte, grüne Blätter mit cremefarbenen Streifen. Direktes Sonnenlicht erzeugt einen Goldschimmer auf der Pflanze.

Hyacinthus orientalis
‚L'Innocence‘ (Hyazinthe)

☼ ❋ ◗ ❄

Diese Knollenpflanze hat im Frühjahr duftende, weiße Blütenspitzen; die Knollen im Herbst einsetzen.

Hydrangea macrophylla
‚White Wave‘ (Gartenhortensie)

❋ ◗ ❄

Im Spätsommer produziert dieser blattwechselnde Strauch große Bündel weißer Blüten, kontrastiert von dunkelgrünen, spitzen Blätter.

I

Ilex aquifolium ‚Argentea Marginata‘ (Stechpalme)

❋ ❋ ◗ ❄❄

Die glänzenden, dunkelgrünen Blätter sind kräftig cremefarben umrandet. Wächst eine männliche Pflanze in der Nähe, trägt die weibliche rote Beeren.

Impatiens Neu-Guinea-Hybriden
(Fleißiges Lieschen)

❋ ❋ ◗

Blüht den ganzen Sommer hindurch sehr ausgiebig, auch im Schatten. Die Neu-Guinea-Hybriden sind großartige Topfpflanzen mit dunklen, ovalen Blättern, die einen starken Kontrast zu den brillanten Farben – darunter Weiß, Magenta und Orange – der großen Blüten bilden.

Impatiens ‚Super Elfin‘
(Fleißiges Lieschen)

❋ ❋ ◗

Diese mehrmals in einer Saison blühenden Pflanzen sind in vielen Farben erhältlich. Die ‚Accent‘-Gruppe wächst langsam und ist großblütig; die ‚Tempo‘-Gruppe breitet sich stark aus und hat ebenfalls große Blüten.

Ilex aquifolium ‚Argentea Marginata‘

Imperata cylindrica ‚Rubra‘
(Alang-Alang-Gras)

☼ ❋ ◗ ❄

Wenn Sie sprießen, sind die Blätter dieses Grases hellgrün, aber Sie werden sehr schnell durchscheinend blutrot; zudem sprießen flaumige Ballen mit kleinen, silbrigen Blüten.

J

Juniperus procumbens ‚Nana‘
(Wacholder)

☼ ◗ ❄❄

Diese bodendeckende Konifere bildet eine dichten Teppich mittelgrüner Nadeln. Sie ist ein Zwergexemplar, das klein und kompakt bleibt.

K

Kniphofia ‚Little Maid‘
(Fackellilie)

☼ ❋ ◗

Kleine, mehrjährig blühende Pflanze mit schmalen, grasähnlichen Blättern und im Sommer cremegelben Blüten.

Kniphofia uvaria
(Fackellilie)

☼ ❋ ◗

Große, immergrüne Pflanze mit vielen scharlachroten Knospen, die zu gelb-orangefarbenen Ähren werden.

L

Lantana ‚Goldsonne‘

☼ ◗

Die kleinen Blütenbüschel dieses Strauches sind häufig zweifärbig und schaffen interessante Effekte. Die gesamte Pflanze ist giftig und sollte mit Vorsicht behandelt werden.

Limnanthes douglasii
(Sumpfblume)

☼ 💧 ❄ ❄

Einjährig blühende Pflanze; leicht aus Samen zu ziehen, pflanzt sich auch selbständig fort. Die gelben und weißen Blüten ziehen Bienen an.

Lobelia (Männertreu)

☼ ❂ 💧 ❄ ❄

Die hängenden *L. pendula* and *L. erinus* sind für Blumenampeln unersetzlich. Sie bilden von Sommer bis Frühherbst einen Farbreigen; in vielen Schattierungen, darunter in Blau, Rosa, Rot, Weiß und Lila erhältlich.

Lobelia erinus compacta
‚Crystal Palace' (Männertreu)

☼ ❂ 💧 ❄ ❄

Diese kompakte, buschige Lobelie hat intensiv-blaue Blüten und dunkle, nahezu bronzefarbene Blätter.

Lonicera nitida ‚Baggesen's Gold'
(Heckenkirsche)

☼ ✹ 💧 ❄ ❄

Das Blattwerk dieses kleinblättrigen, immergrünen Strauches ist im Schatten gold-grün und leuchtet golden in der Sonne. Im Frühjahr bilden sich winzige Blüten. Läßt sich zu einem Zierstrauch zurechtschneiden.

Lotus berthelotii
(Hornklee)

☼ 💧

Herabhängende, mehrjährig blühende Pflanze mit silbrigen Blättern; entwickelt an heißen Sommern feurig-orangefarbene Blüten, die an Papageienschnäbel erinnern.

Mimulus luteus

Lysimachia congestiflora
‚Outback Sunset' (Felberich)

☼ ❂ 💧 ❄

Mehrjährig blühende Pflanze mit grün- und gelb-gesprenkelten Blättern in rötlichem Ton; trägt im Sommer gelbe Blüten mit roten Kelchen.

Lysimachia nummularia
‚Aurea' (Pfennigkraut)

☼ ❂ 💧 ❄ ❄

Mehrjährig blühende Pflanze mit goldfarbenen Blättern an langen Stengeln; trägt im Sommer zarte, goldfarbene, becherförmige Blüten.

M

Mahonia japonica (Mahonie)

❂ ✹ 💧 ❄ ❄

Dieser winterfeste Strauch produziert ausgefranster Blätter, im Frühjahr Ähren mit süß-duftenden, gelben Blüten und im Sommer Früchte.

Mentha suaveolens ‚Variegata'
(Apfelminze)

☼ ✹ 💧 ❄ ❄

Mehrjährig blühende Pflanze mit kühlen, weiß-grün gefleckten, sehr aromatischen Blättern; kann durch Teilung vermehrt werden.

Mimulus luteus
(Gauklerblume)

❂ 💧 ❄ ❄

Aufrecht wachsende, mehrjährig blühende Pflanze; hat im Frühjahr und Sommer leuchtend-gelbe Blüten, die manchmal rot gepunktet sind; sie wuchert üppig und wird 30 cm hoch.

Mimulus ‚Viva'
(Gauklerblume)

❂ 💧 ❄ ❄

Wird zumeist als einjährig blühende Pflanze gezüchtet; gedeiht im Schatten und trägt große, gelbe Blüten mit scharlachroten Klecksen.

Miscanthus sinensis
‚Morning Light' (Chinaschilf)

☼ 💧 ❄ ❄

Elegantes, winterfestes Gras mit schmalen, gekrümmten, grünen, cremig-weiß-umrandeten Blättern, die einen silbrigen Effekt erzeugen.

Muscari botryoides ‚Album'
(Straußhyzinthe)

☼ 💧 ❄ ❄

Eine im Frühjahr blühende Knolle, die büschelweise kleine, weiße, duftende Blüten erzeugt; erlangt eine Höhe von etwa 15 cm. Die Knollen sollten im Herbst gesetzt werden.

N

Narcissus ‚Jenny' (Narzisse)

☼ ❂ 💧

Diese Zwergnarzisse hat mit einem etwa 30 cm hohem Wuchs die ideale Größe für einen Topf. Ihre Blüten haben weiße Blätter und zitronengelbe, zu Beige verblassende Hälse.

Narcissus ‚King Alfred' (Narzisse)
☼ ✹ ◊

Sehr spät erblühende Sorte; sollte an einem möglichst windgeschützten Platz aufstellt werden.

Nemesia ‚Joan Wilder' (Nemesie)
☼ ✹ ◊

Sehr früh erblühende Sorte; ihre aufrechten Stämme tragen weiche, lavendelfarbene Blüten mit kleinen, leuchtend gelben Kelchen.

Nicotiana ‚Havana Appleblossom'
(Tabak)
☼ ✹ ◊ ❄

Zwergsorte mit cremeweißen Blüten und bräunlich-rosafarbenem Rücken, die den ganzen Tag offen bleiben.

Nicotiana ‚Lime Green'
(Tabak)
☼ ✹ ◊ ❄

Die Blüten dieser Zwergsorte duften angenehm und haben eine ungewöhnliche, schöne Farbe. Wie ‚Havana Appleblossom' erreicht sie eine Höhe von maximal 30 cm.

Nolana ‚Blue Bird' (Glockenwinde)
☼ ◊

Meist als einjährig blühende Pfalnze gezüchtet; hat hängende Stengel, blaue Blüten und weiße Augen. Sie öffnet sich nur in der Sonne.

O

Ocimum basilicum (Basilikum)
☼ ◊

Kräuterart mit fleischigen, ovalen Blättern; aromatisch und duftend; im Winter im Haus ziehen.

Ophiopogon planiscapus
‚Nigrescens' (Schlangenkraut)
☼ ✹ ◊ ❄ ❄

Eine der wenigen schwarzblättrigen Pflanzen; immergrüne und winterfest; erinnert mit ihren dünnen Blättern an ein Gras; Büschel malvenfarbiener Blüten entstehen im Sommer .

Opuntia lindheimeri
(Feigenkaktus)
☼ ◊ Frostschutz unter 7° C

Diese Kaktee besteht aus fleischigen, runden, mittelgrünen Teilen; mit kleinen weißen Punkten übersäht.

Origanum vulgare ‚Aureum'
(Oregano)
☼ ✹ ◊ ❄ ❄

Eine feine, winterfeste Kräuterart. Ihre leuchtend-gelben jungen Blätter sind ebenso aromatisch wie die grünblättrigen Sorten.

Osteospermum ‚Buttermilk'
☼ ◊ ❄

Immergrüne, mehrjährig blühende Sorte; hellgelbe Blüten mit blassen Kelchen; wächst aufrechter als die anderen Sorten.

Ophiopogon planiscapus ‚**Nigrescens**'

P

Pachycereus schottii
☼ ◊ Frostschutz unter 10° C

Aufrechter Kaktus, stark gerippt, mit dünnen, weißen Stacheln an den Kanten jeder Rippe; im Sommer gedeihen rosafarbene, nur bei Nacht geöffnete Blüten.

Parodia graessneri
☼ ◊ Frostschutz unter 10° C

Ein kleiner, faßförmiger Kaktus mit von scharfen, goldenen Stacheln bedeckte, Rippen. Er trägt im Frühjahr helle gelbgrüne Blüten und gedeiht an der prallen Sonne.

Pelargonium (Pelargonie)
☼ ◊

Die herabhängende Balkonpelargonie ‚Fire Cascade' produziert im Sommer eine große Menge scharlachroter Blüten; ‚Blizzard Cascade' ist weiß. Aufrechte, buschige Sorten wie ‚Cassandra', ‚Paintbox' und ‚Tiffany' sind in verschiedenen Farben erhältlich.

**Petroselinum crispum
var. neopolitanum**
(glattblättrige Petersilie)
☼ ✹ ◊ ❄

Diese Petersiliensorte gedeiht im Halbschatten. Die kleinen Blüten entfernen, um den Wuchs zu fördern. Sie ist intensiver gefärbt als die gekräuselten Sorten.

Petunia ‚Junior Fantasy'
☼ ✹ ◊

Diese buschige Petunie produziert in endloser Abfolge kleine Blüten in unterschiedlichen Farben.

Petunia milliflora ‚Fantasy‘
(Petunie)

☼ ✳ ♦

Diese Petunie produziert sehr viele
Blüten, deren Farben von Blau über
Rot bis zu Weiß reichen.

Petunia multiflora ‚Carpet‘
(Petunie)

☼ ✳ ♦

Petuniensorte mit kompaktem, bo-
dendeckendem Wuchs; daher ideal
für einen Topf.

Petunia ‚Purple Wave‘ (Petunie)

☼ ✳ ♦

Großblütrige, herabhängende Sorte;
paßt gut zu Blumenampeln oder Fensterkästen; wird bis zu 1 Meter breit.

Petunia ‚Surfinia‘ (Petunie)

☼ ✳ ♦

Herabhängende Petunie; mehrmals
blühend und wetterfest. Die ‚Vein‘-
Züchtungen zeigen Blüten mit unver-
wechselbaren Strichzeichnungen.

Phormium tenax ‚Bronze Baby‘
(Neuseeländer Flachs)

☼ ✳ ♦

Blattpflanze; bildet Büschel kleiner,
weinroter, immergrüner Blätter, die
sich an den Enden einrollen.

Phygelius capensis ‚Indian Chief‘

☼ ✳ ♦

Im Sommer und Herbst trägt diese
aufrecht stehende Pflanze herabbau-
melnde, röhrenförmige, rosafarbene
Blüten mit tief-gelbem Kelch; wird
bis zu 60 cm groß. Stengel im Frühjahr bis zum Fuß zurückschneiden.

Polystichum setiferum ‚Divisilobum‘

Phyllitis scolopendrium
‚Cristatum‘ (Hirschzungenfarn)

✳ ♦ ❄ ❄

Immergrüne Farn hat Blätter mit
gewellten Kanten und kammartigen
Spitzen; wächst in alkalihaltiger Erde.

Platycerium bifurcatum
(Geweihfarn)

✳ ♦ Frostschutz unter 5° C

Farn mit gespaltenen, herabhängenden
Blättern, was ihn ideal für eine Blu-
menampel macht. Die Erde sollte
Laubmulch enthalten.

Plectranthus forsteri ‚Marginatus‘

☼ ✳ ♦ Frostschutz unter 10° C

Attraktive, mehrjährig blühende
Blattpflanze mit breiten, zugespitzten,
cremefarben umrahmten Blättern.
Anfangs steht diese aufrecht, im Laufe der Zeit hängen sie von den Rändern des Gefäßes herab.

Pleioblastus auricomus
(Bambus)

☼ ✳ ♦ ❄ ❄

Verhältnismäßig kleiner, immergrüner
Bambus mit dichten, purpur-schwar-
zen Stengel, die goldene Blätter mit
grüne Streifen tragen.

Polystichum setiferum
‚Divisilobum‘ (Schildfarn)

✳ ❋ ♦ ❄ ❄

Immergrüner oder teilweise immergrüner Farn mit sehr fein strukturier-
ten, schlanken, spitzen Blättern; wird
durch Teilung im Frühjahr vermehrt.

Primula ‚Pacific‘
(Primel)

☼ ♦ ❄ ❄

Niedrigwachsende mehrjährig blü-
hende Pflanze; meist für zweijährige
Blütezeit gezogen; erzeugt duftende
Blüten in mehreren Farben, darunter
Weiß, Scharlach, Violett und Gelb.

Pyracantha ‚Soleil d'Or‘
(Feuerdorn)

☼ ✳ ♦ ❄ ❄

Die glänzenden Blätter dieses immergrünen Strauches bleiben sehr lange
ansehnlich. Im Frühsommer sprießen
weiße Blütenbüschel, gefolgt von goldgelben Beeren im Herbst; abgestorbenen Wuchs im Frühjahr stutzen.

Pyrethrum ptarmiciflorum
‚Silver Feather‘ (Silberfeder)

☼ ♦

Die auch als als *Tanacetum* bezeich-
nete Pflanze hat als Blickfang fein
strukturierte, leuchtend silbrige Blätter. Sie produziert im Sommer weiße
und gelbe Blüten.

R

Rebutia marsoneri

☼ ♦ Frostschutz unter 5° C

Kleine, faßförmige Kaktee; im Frühsommer sehr dicht mit goldgelben
Blüten bedeckt.

Rosa County-Gruppe (Rose)
☼ ◐ ❊ ❊

Diese Rosen sind winterhart und robust, haben einen kompakten Wuchs und müssen wenig geschnitten werden; die meisten von ihnen blühen mehrmals. Die bodendeckenden Rosen dieser Gruppe passen gut in Gefäße. ‚Northamptonshire‘ produziert rosafarbene Blüten; ‚Suffolk‘ scharlachrote, denen im Herbst orangefarbene Hagebutten folgen.

Rosa ‚Flower Carpet‘ (Rose)
☼ ◐ ❊ ❊

Wurde wegen ihrer Widerstandsfähigkeit gegen Krankheiten gezüchtet; trägt den ganzen Sommer hindurch kirschrote Blüten.

Rosa ‚Pearl Anniversary‘ (Rose)
☼ ◐ ❊ ❊

Nette, bodendeckende Zwergrose mit kleinen, perlmuttfarbenen Blüten.

Rosa ‚Queen Mother‘ (Rose)
☼ ◐ ❊ ❊

Eine außergewöhnliche, wiederholt blühende Zwergrose mit eleganten, schimmernden Blättern und engen Knospen, die sich zu rosafarbenen Blüten öffnen.

Rosa ‚Sweet Magic‘ (Rose)
☼ ◐ ❊ ❊

Diese eindrucksvolle Sorte trägt Anhäufungen orangefarbener Knospen, die aprikotfarben werden, wenn sie sich zu Blüten öffnen. Später verblassen sie langsam und werden pfirsichfarben. ‚Sweet Magic‘ ist sehr resistent und duftet zart.

Rosmarinus officinalis
‚Severn Sea‘ (Rosmarin)
☼ ◐ ❊

Verhältnismäßig kleine Sorte; deshalb eine ideale Topfpflanze; produziert leicht hängende Stengel, im späten Frühjahr leuchtendblaue Blüten.

S

Salvia coccinea ‚Coral Nymph‘ (Salbei)
☼ ❊ ◐

Empfindlich aussehende, aber sehr kräftige einjährig blühende Pflanze; produziert im Sommer Stengel mit lachsrosa, röhrenförmigen Blüten.

Salvia farinacea ‚Blue Victory‘ (Salbei)
☼ ❊ ◐

Mehrjährig blühend; zumeist einjährig blühend gezüchtet; viele Blüten in tiefem Blauviolett.

Salvia officinalis ‚Icterina‘ (Salbei)
☼ ❊ ◐ ❊

Gefleckte, grün-goldene Sorte; ebenso aromatisch wie die einfärbigen Sorten, aber nicht so winterfest. ‚Purpurascens‘ ist eine Sorte mit purpurnen Blättern.

Rosa ‚Sweet Magic‘

Sedum morganianum
(Fetthenne)
☼ ◐ Frostschutz unter 5–7° C

Immergrüne Sukkulente mit langen, dicht mit blaugrünen Blättern bepackten Schweifen, im Frühjahr und Sommer auch sternförmigen Blüten. Vorsicht, die Blätter sind empfindlich.

Soleirolia soleirolii
(Bubiköpfchen)
☼ ❊ ◐ ❊ ❊

Sehr stark bodendeckende, mehrjährig blühende Pflanze mit kleinen, erfrischend grünen Blättern; schafft in Töpfen herrliche Farbteppiche; bleibt in frostfreien Gebieten immergrün.

Stachys lanata
(Wollziest)
☼ ◐ ❊ ❊

Immergrüne, mehrjährig blühende Pflanze mit filzigen, silbrigen Blättern und kleinen Blüten im Sommer; Blätter abschneiden, um Nachwuchs zu fördern; Vermehrung durch Teilung.

T

Tradescantia fluminensis
‚Albovittata‘ (Dreimasterblume)
☼ ❊ ◐ Frostschutz unter 10–16° C

Im Sommer kann die immergrüne, mehrjährige blühende Zimmerpflanze auch im Freien stehen. Diese Sorte ist grün-weiß gefleckt.

Trifolium repens ‚Purpurascens‘
(Kriechklee)
☼ ◐ ❊ ❊

Schnellwachsende winterharte Pflanze mit gefleckten, meist vierblättrigen Blätter und weißen Blüten.

Tropaeolum nanum ‚Tom Thumb‘
(Kapuzinerkresse)
☼ ❁ ◊
Kleine, mehrjährig blühende Pflanze
mit einzelnen Blüten in Creme, Gelb
und Orange bis zu Rot.

Tropaeolum ‚Salmon Baby‘
(Kapuzinerkresse)
☼ ❁ ◊
Diese Sorte produziert zwischen satten grünen, abgerundeten Blättern
lachsrosafarbene Blüten.

Tulipa ‚Angelique‘ (Tulpe)
☼ ◊ ❅ ❅
Blaßrosafarbene Blüten mit dunkel-
rosa Flecken, die sich, an der prallen
Sonne stehend, öffnen.

Tulipa ‚Maureen‘ (Tulpe)
☼ ◊ ❅ ❅
Cremig-weiße Tulpe mit ovalen, einzelnen Blüten im späten Frühjahr.

Tulipa ‚Queen of Night‘ (Tulpe)
☼ ◊ ❅ ❅
Produziert im späten Frühjahr samtige,
purpurfarbene bis schwarze Blüten.

Tulipa ‚Showwinner‘ (Tulpe)
☼ ◊ ❅ ❅
Diese Zwergsorte trägt im Frühjahr
lebendige, scharlachrote Blüten.

V

Verbena bonariensis
syn. *V. patagonica* (Verbene)
☼ ❁ ◊
Mehrjährig blühend; trägt im Sommer
und Herbst kleine Köpfe intensiver
blau-violetter Blüten.

Verbena bonariensis syn. *V. patagonica*

Verbena-Hybriden
☼ ◊
Meist als einjährig blühende Pflanzen
gezüchtet; in vielen lebendigen, satten Farben. ‚Carousel‘ trägt malvenfarbene und weiße Blüten; dunkles
Violett bei ‚Imagination‘; die Blütenbüschel von ‚Peaches and Cream‘
sind lachsrosa, verblaßt apricotfarben,
schließlich blaßgelb; ‚Pink Kleopatra‘
prodoziert intensive magentafarbene
Blüten; die großen Blütenköpfe der
‚Pink Parfait‘ haben zwei unterschiedliche Rosa-Schattierungen; ‚White
Kleopatra‘ trägt reinweiße Blüten.

Viburnum tinus
(Lorbeerschneeball)
❁ ❋ ◊ ❅ ❅
Im Schatten unverzichtbarer immer-
grüner Strauch mit ledrigen, ovalen
Blättern; weißlich-rosafarbene Blüten
entstehen aus dichten roten Knollen.

Vinca minor ‚Variegata‘
(Kleines Immergrün)
☼ ❋ ◊ ❅ ❅
Herabhängende Pflanze mit kleinen,
cremefarben-grünen Blättern; von
Frühjahr bis Sommer violette, ster-
nenförmige Blüten.

Viola ‚Bowles’ Black‘ (Veilchen)
☼ ❁ ◊ ❅ ❅
Mehrjährige blühend; trägt von Sommer bis Spätherbst kleine, samtige,
fast schwarze Blüten mit kleinen, aber
auffälligen Kelchen.

Viola cornuta alba (Hornveilchen)
☼ ❁ ◊ ❅ ❅
Mehrjährig blühend; im Frühjahr und
Sommer kleine, duftende Blüten auf
aufrechten Stengeln mit glänzenden
grünen Blättern. Im Herbst folgt man-
chesmal ein zweiter Blütenschwall.

Viola × *wittrockiana*
(Stiefmütterchen)
☼ ◊ ❅ ❅
Bodendeckende, mehrjährige blühende
Pflanze, zumeist einjährig blühend gezüchtet; Blütezeit Winter und Frühjahr
mit roten, gelben und blauen, ein- oder
zweifärbigen Sorten.

Vitis vinifera ‚Purpurea‘ (Wein)
☼ ❁ ◊ ❅ ❅
Die Blätter dieser blattwechselnden
Kletterpflanze sind im Frühjahr grau-
grün, werden im Sommer weinrot und
purpurfarben im Herbst. Im Sommer
wachsen ungenießbare Trauben.

Y

Yucca filamentosa
(Palmlilie)
☼ ◊ ❅ ❅
Die scharfen, schwertartigen Blätter
sind von feinen, geringelten Fäden
umrahmt. Ausgewachsene Pflanzen
produzieren lange Stengel mit cremefarbenen Blüten.

REGISTER

A

Abutilon ‚Orangeade‘:
 Eigenschaften 96, 128
 Gruppe 50
Acaena:
 ‚Blue Haze‘:
  Eigenschaften 128
  Gruppe 44
 microphylla ‚Kupferteppich‘:
  Eigenschaften 128
  Gruppe 44
Acanthus mollis 97
 Eigenschaften 96, 128
 Gruppe 38
Acer palmatum var. dissectum:
 Eigenschaften 128
 Gruppe 53
Adiantum raddianum:
 Eigenschaften 96, 128
 Gruppe 22
Aeonium arboreum
 ‚Zwartkop‘:
 Eigenschaften 128
 Gruppe 46
Affenblume 28, 135
Agave americana ‚Variegata‘:
 Eigenschaften 96, 128
 Gruppe 46
Ageratum:
 Eigenschaften 96, 128
 Gruppe 16, 34
Akanthus 38, 128
Alang-Alang-Gras 20, 134
Allium:
 karataviense:
  Eigenschaften 128
  Gruppe 20
 schoenoprasum:
  Eigenschaften 129
  Gruppe 72
Aloe 68, 129
Aloe variegata:
 Eigenschaften 129
 Gruppe 68
Anchusa capensis ‚Blue
 Angel‘:
 Eigenschaften 129
 Gruppe 78
Anemone blanda
 ‚Atrocaerulea‘:
 Eigenschaften 129

Gruppe 48, 89
Anethum graveolens:
 Eigenschaften 129
 Gruppe 34
Antirrhinum majus ‚White
 Wonder‘: Eigenschaften
 129
 Gruppe 80
Apfelminze 72, 135
Aralia elata ‚Variegata‘:
 Eigenschaften 129
 Gruppe 34
Argyranthemum frutescens:
 Eigenschaften 96, 129
 Gruppe 48
Asplenium:
 nidus:
  Eigenschaften 96, 129
  Gruppe 22
 scolopendrium:
  Eigenschaften 96, 129
  Gruppe 22

B

Bacopa 92
 ‚Snowflake‘:
  Eigenschaften 96, 129
  Gruppe 52, 66
Ballota pseudodictamnus:
 Eigenschaften 129
 Gruppe 66
Bambus 38, 128
Basilikum 72, 136
Begonia
 elatior:
  Eigenschaften 129
  Gruppe 82
 pendula:
  Eigenschaften 96, 129
 ‚Illumination‘:
  Gruppe 40
 × tuberhybrida:
  Eigenschaften 96, 129
 ‚Non-stop‘:
  Gruppe 40
 ‚Sensation Yellow‘:
  Gruppe 28
Begonie 28, 29, 40, 82, 89,
 129

Knollenbegonie 129
Berberis thunbergii ‚Rose
 Glow‘:
 Eigenschaften 130
 Gruppe 62
Bidens ferulifolia 97
 Eigenschaften 96, 130
 Gruppe 50, 64
Blechnum spicant:
 Eigenschaften 96, 130
 Gruppe 22, 48
Blaues Gänseblümchen 60,
 130
Blauschwingel 44, 133
Blaustrahlhafer 74, 133
Blauzungenlauch 20, 128
Brachycome multifida:
 Eigenschaften 96, 130
 Gruppe 60
Bracteantha bracteata ‚Bright
 Bikini‘:
 Eigenschaften 96, 130
 Gruppe 50
Bubiköpfchen 52, 138
Buchsbaum 26, 130
Buxus sempervirens:
 Eigenschaften 96, 130
 Stutzen 121
 Gruppe 26

C

Calendula officinalis:
 Eigenschaften 96, 130
 Gruppe 79
Camellia 89
 japonica ‚Alba Simplex‘:
  Eigenschaften 96, 130
  Gruppe 48
Carex comans ‚Bronze Form‘
 97
 Eigenschaften 96, 130
 Gruppe 44
Centaurea cyanus ‚Blauer
 Busch‘:
 Eigenschaften 130
 Gruppe 16
Chamaerops humilis:
 Eigenschaften 130
 Gruppe 38

Chinaschilf 44, 135
Choisya ternata ‚Sundance‘:
 Eigenschaften 96, 130
 Gruppe 55
Clematis:
 campaniflora:
  Eigenschaften 130
  Gruppe 48
 flammula:
  Eigenschaften 96, 130
  Gruppe 56
 ‚Vino‘:
  Eigenschaften 131
  Gruppe 20
Convolvulus:
 cneorum:
  Eigenschaften 96, 131
  Gruppe 74
 sabatius:
  Eigenschaften 96, 131
  Gruppe 24
Cordyline australis ‚Torbay
 Dazzler‘:
 Eigenschaften 96, 131
 Gruppe 38
Corylus avellana ‚Contorta‘:
 Eigenschaften 96, 131
 Gruppe 52
Cosmos sulphureus ‚Ladybird
 Scarlet‘:
 Eigenschaften 131
 Gruppe 37
Crocosmia 96
 ‚Emily McKenzie‘:
  Eigenschaften 131
  Gruppe 42
 ‚Lucifer‘:
  Eigenschaften 131
  Gruppe 50
Cyclamen hederifolium:
 Eigenschaften 131
 Gruppe 40

D

Dahlia ‚Yellow Hammer‘:
 Eigenschaften 131
 Gruppe 16
Dahlie 16, 131
Diascia:

,Blackthorn Apricot':
  Eigenschaften 131
  Gruppe 56
rigescens:
  Eigenschaften 96, 131
  Gruppe 32
vigilis ,Elliott's Variety':
  Eigenschaften 131
  Gruppe 32
Diascie 32, 56, 131
Dill 34, 129
Dreimasterblume 80, 122,
  138

E

Eccremocarpus scaber:
  Eigenschaften 96, 132
  Gruppe 50
Echeveria:
  Eigenschaften 132
  Gruppe 46
Echeverie 46, 132
Efeu (siehe *Hedera*)
Eisenkraut 32, 42, 56, 60, 67,
  74, 97, 133
Elfenblume 54
Epimedium × *versicolor*
  ,Sulphureum':
  Eigenschaften 132
  Gruppe 54
Erythronium ,Pagoda':
  Eigenschaften 132
  Gruppe 55
Eschscholzia californica
  ,Dali':
  Eigenschaften 96, 132
  Gruppe 70
Euonymus:
  fortunei 97
  ,Emerald Gaiety':
    Eigenschaften 132
    Gruppe 77
  ,Emerald 'n'Gold':
    Eigenschaften 132
    Gruppe 54, 60
  ,Gold Tip':
    Eigenschaften 132
    Gruppe 18
  ,Sunspot':
    Eigenschaften 132
    Gruppe 28
  japonicus ,Macrophyllus' 93
    Eigenschaften 132

Euphorbia griffithii ,Fireglow':
  Eigenschaften 132
  Gruppe 44

F

Fackellilie 42, 134
Fargesia murieliae ,Simba':
  Eigenschaften 98, 132
  Gruppe 38
Fatsia japonica
  Eigenschaften 98, 132
  Gruppe 18
Feigenkaktus 68, 136
Felberich 28, 135
Felicia:
  amelloides ,Variegata':
    Eigenschaften 98, 132
    Gruppe 60
  bergeriana:
    Eigenschaften 133
    Gruppe 78
Festuca glauca ,Elijah Blue':
  Eigenschaften 133
  Gruppe 44
Fetthenne 46, 138
Feuerdorn 18, 137
Fleißiges Lieschen 16, 26, 32,
  62, 122, 134
Frauenhaarfarn 22, 128
Fuchsia:
  Eigenschaften 98, 133
  Gruppe 29
Fuchsie 29, 133
Funkie 48, 76, 95, 134

G

Gaillardia pulchella ,Red
  Plume':
  Eigenschaften 98, 133
  Gruppe 20
Gartenhortensie 18, 134
Gartenlöwenmaul 80, 129
Gartenringelblume 79, 130
Gartenstrohblume 50, 130
Gauklerblume 28, 76, 135
Gefleckte Gundelrebe 16,
  133
Geweihfarn 76, 137
Glechoma hederacea
  ,Variegata':
  Eigenschaften 98, 133

Gruppe 16
Glockenwinde 83, 136

H

Hakonechloa macra ,Aureola':
  Eigenschaften 133
  Gruppe 52
Heckenkirsche 77, 135
Hedera:
  canariensis ,Gloire de
  Marengo':
    Eigenschaften 133
    Gruppe 26
  helix
    ,Esther':
      Eigenschaften 98, 133
      Gruppe 40
    ,Eva':
      Eigenschaften 133
      Gruppe 114
    ,Glacier':
      Eigenschaften 133
      Gruppe 93
    ,Golden Ingot':
      Eigenschaften 133
      Gruppe 56
    ,Goldherz':
      Eigenschaften 133
      Gruppe 64, 77
    ,Pittsburgh':
      Eigenschaften 133
      Gruppe 12, 55
Helichrysum petiolare
  Eigenschaften 98, 133
  Gruppe 32, 42
  ,Aureum':
    Eigenschaften 133
    Gruppe 56, 60, 67
  ,Microphyllus':
    Eigenschaften 133
    Gruppe 74
Helictotrichon sempervirens:
  Eigenschaften 133
  Gruppe 74
Hirschzungenfarn 76, 137
Holcus mollis
  ,Albovariegatus':
    Eigenschaften 134
    Gruppe 36
Hornklee 70, 135
Hosta 98
  sieboldii ,Elegans' 94
  undulata var. *univittata:*

Eigenschaften 134
  Gruppe 48
ventricosa var. *aureomaculata:*
  Eigenschaften 134
  Gruppe 76
Hundertjährige Aloe 46, 128
Hundskopf 55, 132
Hyazinthe 12, 134
  Straußhyazinthe 34, 36, 135
Hyacinthus orientalis
  ,L'Innocence':
  Eigenschaften 98, 134
  Gruppe 12
Hydrangea macrophylla ,White
  Wave':
  Eigenschaften 134
  Gruppe 18

I

Ilex aquifolium ,Argentea
  Marginata':
  Eigenschaften 134
  Gruppe 12
Impatiens 98
  walleriana:
    Gruppe 16
  Neu-Guinea-Hybriden 127
    Eigenschaften 134
    Gruppe 32, 62
  ,Super Elfin':
    Eigenschaften 134
    Gruppe 26
  Tempo Series:
    Eigenschaften 134
    Gruppe 16
Imperata cylindrica ,Rubra':
  Eigenschaften 98, 134
  Gruppe 20

JK

Japanischer Ahorn 53, 128
Japanischer Angelicabaum 34,
  129
Juniperus procumbens ,Nana':
  Eigenschaften 134
  Gruppe 53
Kalifornischer Mohn 70, 132
Kamelie 48, 130
Kapaster 60, 78, 132 f.
Kapuzinerkresse 28, 79, 139
Keulenlilie 38, 131

Kleine Schneeflocke 52, 66, 129
Kleines Immergrün 55, 139
Kniphofia:
  ,Little Maid':
    Eigenschaften 134
    Gruppe 42
  uvaria:
    Eigenschaften 134
    Gruppe 42
Korkenzieherhasel 52, 131
Kornblume 16, 130
Kosmee 37, 131
Kriechklee 66, 138
Krokus 28, 34, 131

L

Lantana ,Goldsonne,:
  Eigenschaften 98, 134
  Gruppe 16
Leberbalsam 16, 34, 128
Limnanthes douglasii:
  Eigenschaften 135
  Gruppe 79
Lobelia 29
  erinus:
    Eigenschaften 135
    ,Sapphire' 78
  erinus compacta ,Crystal Palace':
    Eigenschaften 135
    Gruppe 78
  pendula 55
    Eigenschaften 98, 135
    ,Lilac Cascade' 78
    ,Lilac Fountain' 24, 32
Lonicera nitida 98
  ,Baggesen's Gold':
    Eigenschaften 135
    Gruppe 77
Lorbeerschneeball 40, 139
Lotus berthelotii:
  Eigenschaften 98, 135
  Gruppe 70
Lysimachia:
  congestiflora ,Outback Sunset':
    Eigenschaften 135
    Gruppe 28
  nummularia ,Aurea':
    Eigenschaften 98, 135
    Gruppe 16, 54, 64

M

Mahonia japonica
  Eigenschaften 98, 135
  Gruppe 54
Mahonie 54, 92, 135
Malerblume 20, 133
Männertreu 24, 29, 32, 55, 59, 78, 135
Mentha suaveolens
  ,Variegata':
    Eigenschaften 135
    Gruppe 72
Mexiko-Orange 55, 130
Mimulus 89
  luteus:
    Eigenschaften 98, 135
    Gruppe 76
  ,Viva':
    Eigenschaften 98, 135
    Gruppe 28
Miscanthus sinensis 98
  ,Morning Light':
    Eigenschaften 135
    Gruppe 44
Montbretie 42, 50, 131
Muscari
  botryoides ,Album':
    Eigenschaften 98, 135
    Gruppe 36

N

Narcissus
  ,Jenny':
    Eigenschaften 135
    Gruppe 12
  ,King Alfred':
    Eigenschaften 136
    Gruppe 114
Narzisse 12, 81, 135
Nemesia ,Joan Wilder':
  Eigenschaften 136
  Gruppe 32
Nemesie 32, 136
Nestfarn 22, 129
Neuseeländer Flachs 42, 137
Nicotiana:
  ,Havana Appleblossom':
    Eigenschaften 136
    Gruppe 34
  ,Lime Green':
    Eigenschaften 98, 136
    Gruppe 54

Nolana ,Blue Bird':
  Eigenschaften 136
  Gruppe 83

O

Ochsenzunge 78, 129
Ocimum basilicum:
  Eigenschaften 136
  Gruppe 72
Ophiopogon planiscapus
  ,Nigrescens':
    Eigenschaften 136
    Gruppe 36
Opuntia lindheimeri:
  Eigenschaften 136
  Gruppe 68
Oregano 72, 136
Origanum vulgare ,Aureum':
  Eigenschaften 136
  Gruppe 72
Osteospermum ,Buttermilk':
  Eigenschaften 98, 136
  Gruppe 67

P

Pachycereus schottii:
  Eigenschaften 136
  Gruppe 68
Palmlilie 38, 139
Parodia graessneri:
  Eigenschaften 136
  Gruppe 68
Pelargonie 14, 16, 24, 122, 136
Pelargonium 82, 98
  ,Blizzard Cascade':
    Eigenschaften 136
    Gruppe 24
  ,Cassandra':
    Eigenschaften 136
    Gruppe 16
  ,Fire Cascade':
    Eigenschaften 136
    Gruppe 14
  ,Rio':
    Eigenschaften 136
    Gruppe 16
  ,Tiffany':
    Eigenschaften 136
    Gruppe 16
Petersilie, glattblättrige 34,

72, 136
Petroselinum crispum var. *neapolitanum:*
  Eigenschaften 136
  Gruppe 34, 72
Petunia 98
  ,Junior Fantasy':
    Eigenschaften 136
    Gruppe 34
  milliflora ,Fantasy':
    Eigenschaften 137
    Gruppe 24
  multiflora ,Carpet':
    Eigenschaften 137
    Gruppe 70
  ,Purple Wave':
    Eigenschaften 137
    Gruppe 35, 75
  ,Surfinia' 35, 74, 80
    Eigenschaften 137
Petunie 24, 34, 35, 59, 70, 74, 80, 136 f.
Pfaffenhütchen 18, 28, 77, 98, 132
  Buntlaubiges Pfaffenhütchen 54, 60, 132
Pfennigkraut 16, 54, 64, 135
Phormium tenax ,Bronze Baby':
  Eigenschaften 98, 137
  Gruppe 42
Phygelius capensis ,Indian Chief':
  Eigenschaften 137
  Gruppe 50
Phyllitis scolopendrium
  ,Cristatum':
    Eigenschaften 98, 137
    Gruppe 76
Platycerium bifurcatum:
  Eigenschaften 98, 137
  Gruppe 22
Plectranthus forsteri
  ,Marginatus':
    Eigenschaften 137
    Gruppe 20
Pleioblastus auricomus:
  Eigenschaften 137
  Gruppe 53
Polystichum setiferum
  ,Divisilobum':
    Eigenschaften 98, 137
    Gruppe 76
Primel 61, 89, 137
Primula ,Pacific'

Eigenschaften 137
Gruppe 61
Pyracantha 89
,Soleil d'Or':
Eigenschaften 98, 137
Gruppe 18
Pyrethrum ptarmiciflorum
,Silberfeder':
Eigenschaften 137
Gruppe 70

R

Rebutia marsoneri:
Eigenschaften 137
Gruppe 68
Rippenfarn 22, 48, 130
Rosa 98
,Flower Carpet':
Eigenschaften 138
Gruppe 33
,Northamptonshire':
Eigenschaften 138
Gruppe 24
,Pearl Anniversary':
Eigenschaften 138
Gruppe 32
,Queen Mother, 97
Eigenschaften 138
Gruppe 62
,Suffolk':
Eigenschaften 138
Gruppe 24
,Sweet Magic':
Eigenschaften 138
Gruppe 56
Rose 24, 32, 33, 56, 62, 138
Rosmarin 72, 138
Rosmarinus officinalis 98
,Severn Sea':
Eigenschaften 138
Gruppe 72

S

Salbei 56, 60, 72, 138
Salvia:
coccinea ,Coral Nymph':
Eigenschaften 138
Gruppe 56
farinacea ,Blue Victory':
Eigenschaften 138
Gruppe 60

officinalis ,Icterina':
Eigenschaften 138
Gruppe 60
,Purpurascens':
Eigenschaften 138
Gruppe 72
Schildfarn 76, 137
Schirmbambus 38, 132
Schlangenkraut 36, 136
Schnittlauch 72, 129
Schönmalve 50, 128
Schönranke 50, 132
Schwarznessel 66, 129
Sedum morganianum:
Eigenschaften 98, 138
Gruppe 46
Segge 44, 130
Silberfeder 70, 137
Soleirolia soleirolii:
Eigenschaften 138
Gruppe 52
Spindelstrauch 93, 132
Stachys lanata:
Eigenschaften 138
Gruppe 66
Stachelnüßchen 44, 128
Stechpalme 12, 134
Stiefmütterchen 114, 139
Strauchmargerite 48, 129
Streifenfarn 22, 129
Sumpfblume 79, 135

T

Tabak 34, 136
Thunbergs Berberitze 62, 130
Tulpe 36, 40, 61, 139
Tradescantia fluminensis
,Albovittata':
Eigenschaften 138
Gruppe 80
Trifolium repens
,Purpurascens':
Eigenschaften 138
Gruppe 66
Tropaeolum:
nanum 98
,Tom Thumb':
Eigenschaften 139
Gruppe 79
,Salmon Baby':
Eigenschaften 139
Gruppe 28
Tulipa:

,Angelique':
Eigenschaften 139
Gruppe 40
,Maureen':
Eigenschaften 139
Gruppe 36
,Queen of Night':
Eigenschaften 98, 139
Gruppe 36
,Showwinner':
Eigenschaften 98, 139
Gruppe 61

UV

Veilchen 37, 139
Alpenveilchen 40, 89, 131
Hornveilchen 37, 80, 139
Verbena:
bonariensis:
Eigenschaften 139
Gruppe 44
,Carousel':
Eigenschaften 139
Gruppe 35
,Imagination':
Eigenschaften 139
Gruppe 66
,Peaches and Cream' 97
Eigenschaften 139
Gruppe 34, 56
,Pink Kleopatra':
Eigenschaften 139
Gruppe 62
,Pink Parfait':
Eigenschaften 139
Gruppe 24
,White Kleopatra':
Eigenschaften 139
Gruppe 34
Verbenen 24, 34, 35, 44, 56,
62, 66, 139
Viburnum tinus:
Eigenschaften 98, 139
Gruppe 40
Vinca minor ,Variegata':
Eigenschaften 139
Gruppe 55
Viola:
,Bowles' Black':
Eigenschaften 139
Gruppe 37
cornuta alba:

Eigenschaften 139
Gruppe 37, 80
× *wittrockiana* 14, 17, 26
Eigenschaften 139
Gruppe 114
Vitis vinifera ,Purpurea':
Eigenschaften 139
Gruppe 20
Vorfrühlingsanemone 89,
129

W

Wacholder 53, 134
Waldrebe 20, 48, 56, 130 f.
Wandelröschen 16
Weiches Honiggras 36, 134
Wein 20, 139
Winde 24, 74, 131
Wolfsmilch 44, 132
Wollziest 66, 138

YZ

Yucca filamentosa 109
Eigenschaften 98, 139
Gruppe 38
Zierpaprika 95
Zimmeraralie 18, 89, 97, 132
Zweizahn 50, 64,
130
Zwergpalme 38, 130

DANKSAGUNGEN

DANKSAGUNGEN DER AUTORIN

Ich möchte mich bedanken bei: Jean Goldberry und Louise Hampden für ihre Ratschläge bei der Gestaltung der Arrangements; bei den Artdirektorinnen Emma Boys und Gurinder Purewall für ihren Enthusiasmus und ihre Liebe zum Detail; bei der Herausgeberin Emma Lawson, die nicht nur das Buch editierte, sondern auch unermüdlich bei der Suche nach Pflanzen und Gefäßen half. Ein besonderer Dank an sie und Louise Hampden, die uns die vielen Tage der Pflanzenarbeit erträglich gestaltete; an Bob Collett von Petersham Nurseries, der viele Pflanzen für uns zog und andere aufspürte, voller Enthusiasmus und Humor; an Nick Lawrence und sein Team von Landscape Management, die unsere Arrangements zwischen dem Pflanzen und Fotografieren pflegten; an Matthew Ward und sein Team für die großartigen Fotos. Zum Schluß, wie immer, ein Dank an Tony für seine Unterstützung, seinen Optimismus und daß ihn die Erde unter meinen Nägeln nicht stört.

DANKSAGUNGEN DES VERLAGES

Dorling Kindersley möchte bei folgenden Personen und Institutionen bedanken: Ray Rogers für die Ratschläge; Bob Collett von Petersham Nursery für das Ziehen und Zurverfügungstellen von Pflanzen; Nick Lawrence, Anna Bartholomew und ihr Team bei Landscape Management für die Pflege der bepflanzten Gefäße; Martin Whitaker von Ginkgo Garden Centre für Ratschläge und zur Verfügung gestellte Pflanzen; Avon Bulbs and Taylors für die Knollen; D. T. Brown, Dobies, Suttons und Thompson & Morgan für die Samen; Evergreen Soil & Terracotta Ltd., Tendercare Nurseries, Dorney Court, Thorncroft Clematis Nursery, Orchard Dene Nurseries, Southern Plant Sales und Cactus Heaven für zur Verfügung gestellte Pflanzen; the Palm Centre für die Vermietung der *Chamaerops humilis*; Stuart und Joan Mungall bei Patio für die Container; Christopher Winder für den hölzernen Zierbaumrahmen; Nick Hewitt für den Bau von Kästen und Systemen; Hozelock für das Minibewässerungssystem; Fired Earth tiles für die Spaliere; Fulham Palace Garden Centre für die Gefäße; Metalcraft Ltd. für die Geländer; Travis Perkins für die Kaminrohre; David Shelley, Chacasta Pritlove und Anna Youle für ihre umfassende Unterstützung.

Fotograf Matthew Ward

Assistenten Al Deane, Karen Thomas
Hand-Models Steve Benjamin, Toby Heran, Katie Martin, Audrey Speitel

Illustrationen Ann Winterbotham
Pflanzenskizzen Darren Hill

Gefäßdesigner Gilly Spargo

Editorale Assistenz Adèle Hayward

Design-Assistenz Austin Barlow

Register Chris Bernstein
Lektor Philip Parr

Bildrecherche Christine Rista, Helen Stallion

Ergänzende Fotos Peter Anderson, Steve Gorton, Dave King

FOTONACHWEISE

Die Herausgeber bedanken sich bei folgenden Fotografen und Bildarchiven für die Abdruckgenehmigung ihrer Fotos:

Schlüssel: oben, *u* unten, *m* mitte, *l* links, *r* rechts

Eric Crichton 128;
Garden Picture Library
Lynne Brotchie 126–127, Linda Burgess 31, Erika Craddock 59, John Glover 88*o*, Steven Wooster 92;
Jerry Harpur 91*l*, (Bourton House) 87*u*, (Susie Ind) 95*o*, (Phillip Watson, VA) 86*r*, (Beth Chatto) 138;
Neil Holmes 95*u*;
Andrew Lawson 11;
Clive Nichols 127, (Designer Anthony Noel) 91*r*, 94;
Hugh Palmer 10–11;
Photo Lamontagne 58–59, 84–85, 85, 86*l*, 101;
RHS Wisley W. Halliday 125*ru*;
Elizabeth Whiting & Associates 30–31, 87*o*, 100–101.